大人の語《ご》彙《い》力大全

明治大学教授
齋藤孝

中経の文庫
KADOKAWA

はじめに

『語彙力こそが教養である』（当社刊）という本を出版したとき、「語彙力」が今の日本人にとって必要な力であることを、多くの方に受け入れていただいたと感じました。

それまでも、皆さんが何となく感じていたことではあると思うのですが、改めて、言葉を知ること、語彙を持つことの大切さに気づいてもらえたのではないかと思っています。

言葉を知らなければ、伝えたいことを伝えることはできません。伝えたとしても、言葉の使い方が間違っていたら、相手は別の解釈をしてしまいます。

また、相手の気持ちも理解できません。

たとえば、慣用句の一つである「胸が塞がる」。友人が「胸が塞がる思いだよ」と言ったとします。「胸で呼吸をするから、それが塞がるということは『息苦しい』ってことかな……」と単純に肉体的な苦しさと取る人は少しずれています。

そもそも意味がわからないというのではコミュニケーションが成り立ちません。

これはもちろん、悲しみやつらさで「気持ちが沈む」という意味です。

語彙がなければ、伝えたいことが伝わらない、相手の気持ちを取り違えてしまう。語彙力はコミュニケーションの根源でもあるのです。

では、どのくらいの語彙を持っていればいいのか。

私は、社会人には社会人として必要な語彙の範囲があると考えています。

この言葉を知らないと社会人としては〝アウト〟である、これだけ知っていればおおよそ問題ない、という範囲を独自に設定し、そこからセレクトしたものが本書に掲載した語彙です。

私が考える社会人の語彙力の集大成と言っても過言ではありません。

しかも、現代の日本における社会人に必須の語彙。これが50年前でしたら、また違うセレクトになったはずです。今の時代に必要な言葉を過不足なく盛り込んだという自負があります。

私自身は古典が好きなので、古い日本の伝統的な言葉の素晴らしさも実感しています。その一方で、外来語も大切だと思っています。

外来語を多用するのは日本語軽視だという意見もあるようですが、私は一概にそうとは思いません。もともと日本語は柔軟な運用能力を持っており、中国の漢熟語にならって音読みを取り入れたのもそのためです。そうした考えから、本書では外来語も充実させました。

外来語を使うにあたっては、語源を知っておく必要があります。例えば「オンブズマン」はもともとスウェーデン語で、スウェーデンは個人の権利意識が高い国。そこから生まれた言葉だとすれば、「行政を監視する人」という意味を間違えることはありません。

語源を知ることで、言葉のニュアンスがわかる。ニュアンスを知ることでその言葉を活かすことができる。ですから本書では、できるだけ大本の意味と使い方を添えて解説するようにしています。

この本一冊持っていれば、社会人の語彙力、常識力としては十分です。ある意味で、社会人の語彙力のベンチマークになる本、プラットフォームとして機能する本だと思っています（ベンチマーク、プラットフォームの意味は本書で解説しています）。

言葉には、派生して生まれたものもたくさんあります。すべての言葉を一つ一つ覚えるのではなく、一つ覚えたらそこから派生的に、芋づる式に関連する語を覚えていくと、「点」だった知識が「線」でつながるようになります。線と線が組み合わさることによって知識の「面」が広がっていくのです。

頻繁に使う言葉はもちろん、日常的に使わずとも教養として知っておきたい言葉、言いにくいことを相手に言うときに使う言葉、知っているようで知らない外来語など、各ジャンルに分かれています。

各項目には、できるだけ用例を入れました。その言葉が使われた用例や文学で用いられた用例などを意識して盛り込みました。言葉の伝統を感じることで語彙力が上がりますのでお楽しみください。

本書はどこから読んでもかまいません。知っている言葉は飛ばしてもかまいません。この本を読み終わる頃には、あなたの語彙力が確固たるものになり、社会人としてランクアップしていることを信じています。

齋藤　孝

目次

はじめに　3

一般語彙

1章　基本語——正しく使えて当然！　大人の基本語彙　11

2章　敬語——さりげなく使いこなしたい、大人の敬語　103

3章　言い訳——気持ちよく聞き入れてもらえる、大人の言い訳・謝罪・お願い　141

カタカナ語彙

4章 頻出語——知らずに使うと恥ずかしい、大人の頻出カタカナ語 181

5章 ビジネス語——職場で圧倒的な差をつける、大人のビジネスカタカナ語 225

上級語彙

6章 漱石語——目指せ美しい日本語マスター、夏目漱石が使った語彙 269

おわりに 327

索引 330

1章

一般語彙

基本語

正しく使えて当然！
大人の基本語彙

善処（ぜんしょ）

意味

適切に処置すること。

「善い状況に処する」ということで、正しい対処をするという意味。ビジネスの相手から要望を出されて「善処します」と答えたら、相手は当然良いはからいをしてくれるものと期待します。安易に使ってはいけない言葉です。自信はないけれどいい返事をしておきたいと思うなら、「前向きに検討します」くらいがいいでしょう。反対に、相手に善処を求めたいときは、「なにとぞご善処いただきたく」と使います。「世間の批判に耳を傾けて善処すべきであろうと思う」（『敬語論』坂口安吾）という用例があります。

基本語

早速ですが（さっそくですが）

意味

すみやかなこと。すぐに行うこと。

商談や打ち合わせでは、始めに少し雑談をして場を和ませることが大切です。雑談をすることによって、相手の警戒心を解くことができたり、共感しあうことで距離が縮まったりするからです。とはいえ、いつまでも雑談をしているわけにはいきません。1時間の面会時間なら、せいぜい5分程度。相手が喜んで話している場合は切り上げるのが難しいものですが、背筋を伸ばして居住まいを正しながら「早速ですが」と本題に入るようにしましょう。「余りに人の心を御不審有《あり》ては、争《いかで》か早速の大功を成《なし》候《そうろう》べき」（『太平記』）という用例があります。

遺憾（いかん）

意味

思い通りでなく残念なこと。

「遺憾の意を表明する」「遺憾に思う」という言葉を、謝罪会見のニュースなどでよく耳にすることがあるでしょう。しかし、「遺憾」には謝るという意味はありません。「そんなことになるとは思わず、残念です」という意味であり、自身の責任を巧妙に回避する言い回しなのです。他人の行為について「○○さんの今回の言動につきましては、誠に遺憾です」と言うときは、相手を非難するニュアンスを含みます。「遺憾ほとほとやるかたなけれど、白骨なりとも拾はんと」（『椿説弓張月』曲亭馬琴）という用例があります。

一般語彙

基本語

誠意（せいい）

意味

私欲を離れて正直に接すること。まごころ。

お客さんからクレームが来たときには、まずは謝ります。そして事態をきちんと把握して、対処方法を検討しますよね。その過程で大切なのは「誠意」を見せること。「誠意」は金品ではありません。迷惑をかけた相手に対して、本当に申し訳ないという気持ちを持ちながら、自分たちにできる償いをしたいと思っていることを、根気強く伝えることです。誠意はメールでは伝わりにくいので、手紙を書くか会うことをお勧めします。「卑怯な彼等は　又誠意のない彼等は　初め驚異の声を発して我等を眺め」（『智恵子抄』高村光太郎）という用例があります。

筋を通す（すじをとおす）

意味

首尾を一貫させる。しかるべき手続きをふむ。

日本の組織では、「筋を通す」ことがとても重んじられています。筋とは道理（そうあるべきこと、正しい論理）のことで、筋は組織や人間関係によって異なるのが厄介なところです。前の会社では正しかったことが、今の会社では通らないということはよくあること。筋を通す前に「何が筋か＝この組織における正しい論理とは何か」を把握することが大切なのです。「表向き筋を通した清潔さがすべての他の疝気筋《せんきすじ》を拭き消した生活の仕上図であり」（『普賢』石川淳）という用例があります。

一般語彙

基本語

織り込み済み（おりこみずみ）

意味

前もって予定や計画に入れておくこと。

もともとは株式の用語で、株価に影響のあるようなことが起こっても株価が変わらない場合、「織り込み済み」と言います。ビジネスでは、不測の事態が起こるのは日常茶飯事。プロジェクトのスケジュールを立てるときは、メンバーが体調を崩して休むかもしれない、荒天で予定通りに輸送ができないかもしれないなど、考え得る限りの不測の事態を織り込み済みにしておきましょう。「つまり、仰言《おっしゃる》意味の風は、季節風《モンスーン》でしょうね。しかしそれはとうに計画《プラン》のなかへ織り込みずみじゃありませんか」（『人外魔境』小栗虫太郎）という用例があります。

不調法（ぶちょうほう）

意味

行き届かないこと。手際の悪いこと。

手際の悪いことの他に、お酒や芸事などのたしなみがなく、つまらない人間であるとへりくだるときにも使います。社会人になると、お酒の席に誘われることが増えます。お酒が好きで飲める人ならいいかもしれませんが、飲めない人にとっては辛い時間です。そういう人は、始めに「不調法ですみませんが……」と言っておきましょう。ただ、場の雰囲気が沈まないように、明るく言うのがポイントです。「ただ金を失いしときのみに当たりて、役人の不調法をかれこれと議論すべからず」（『学問のすすめ』福沢諭吉）という用例があります。

一般語彙

基本語

顛末（てんまつ）

意味

事の最初から最後までの事情。

仕事上のミスやトラブルが発生したとき、提出すべき文書として「始末書」と「顛末書」があります。「始末書」は言ってみれば反省文。一方「顛末書」は、トラブルの一部始終を報告するための文書です。顛末書については、5W1H（いつ、どこで、誰が、何を、なぜ、どのように）を細かく記す必要があります。反省ではなく経緯を書くので、始末書よりも客観的な視点で書くことが求められます。「私がこれから話そうと思うのは、その滞在中その別荘で偶然私が耳にしたある悲惨な出来事の顛末である」（『疑惑』芥川龍之介）という用例があります。

お安い御用（おやすいごよう）

意味

相手の依頼に対して、簡単にできることだという場合の言い回し。

人から何かを頼まれるというのは、信頼され期待されている証拠なので、「お安い御用です！」「合点承知の助！」という気持ちで積極的に引き受けましょう。頼まれごとを果たすことで、また評価が上がります。ただ、明らかに難易度が高いことは正直に伝えた方が自分のためにも相手のためにもいいですね。「仕方がないから峠の真中にある一軒屋を敲《たた》いて、これこれかようかようしかじかの次第だから、どうか留めてくれと云うと、御安い御用です、さあ御上がんなさいと」（『吾輩は猫である』夏目漱石）という用例があります。

一般語彙

基本語

やぶさかでない

意味

それをする努力を惜しまない。

「やぶさか」とはもの惜しみする、という意味。多く「〜にやぶさかでない」という形で使います。「この事業に協力するにやぶさかでない」「過ちを認めるにやぶさかでない」となります。「〜ない」と否定語を使いますが、肯定的な意味の言葉です。ただ、「すすんで〜する」というよりも、「〜してもいいですが」というニュアンスの方が強いので、使う場面に注意しましょう。「会社の幸福繁栄をはかる為めに日も足らざりしは、諸君の認むるに吝《やぶさか》ならざるところと敢《あえ》て信じます」（『大阪の宿』水上滝太郎）という用例があります。

無礼講（ぶれいこう）

意味

身分・地位の上下関係なく楽しむ宴。

会社の飲み会で、「今日は無礼講でいこう！」と言う上司がいますが、決してその言葉を真に受けてはいけません。本当に無礼講だと思って、敬語を使わなかったり、親しげに名前を読んだり、揚げ句の果てには酔って肩を組んだりしたら、翌日から会社に行きづらくなるのは目に見えています。かといって、畏まったままでいるとノリが悪いと思われてしまうので、いつもよりも少しテンションを上げるくらいにしておきましょう。「能《よ》く能く其《そ》の心を窺《うかが》ひ見ん為に、無礼講と云ふ事をぞ始められける」（『太平記』）という用例があります。

一般語彙

基本語

精進（しょうじん）

意味

一生懸命に努力すること。

もともとは、ひたすら仏道にはげむこと、という意味。また、魚や肉を食べずに菜食するという意味もあり、「精進料理」はこの意味です。「精進します」と「がんばります」は同じような意味なのですが、前者は仏道にはげむという意味が転じていることから、自分を律して努力するというニュアンスが感じられます。「がんばります」では社会人らしくないので、「精進します」を使うことをお勧めします。「ところが私の精進はまたあべこべで世間と現実とを知っていくところにあった」（『「出家とその弟子」の追憶』倉田百三）という用例があります。

悪しからず（あしからず）

意味

意向に添えず、すみませんという気持ちを表す言葉。

相手に対して、「悪く思わないでください」「気を悪くしないでくださいね」という気持ちを伝えたいときに使います。「あしからずご了承ください」と副詞的に使うこともありますが、文末に使うこともあります。目上の人に使ってもかまいませんが、その時は「あしからずご容赦ください」のように、副詞的な使い方をしておいた方が安全でしょう。人によってはからかわれているように感じる言葉でもあるので、使い方に気をつけましょう。「度々《たびたび》の破約は実に恐縮の至りです。何卒不悪《なにとぞあしからず》」（『暗夜行路』志賀直哉）という用例があります。

一般語彙
基本語

研鑽（けんさん）

意味 **学問などを極めること。**

　多くの場合、「研鑽を積む」という形で使います。学問を研究することに使う言葉なので、ビジネスの場ではあまり使うことはないでしょう。結婚式のスピーチで「○○さんは長年、△△大学で生物学の研鑽を積み、優秀な成績でご卒業され……」と使ったりします。自分のスキルを高めたり知識を深めたりするという意味の「自己研鑽」という言葉があります。「新郎は農科大学に猶獣医学の研鑽をつづけ」（『思出の記』徳富蘆花）という用例があります。

一献（いっこん）

意味

一杯の酒。ちょっと酒を飲むこと。

大勢集まっての宴会・飲み会ではなく、二、三人で軽く飲みましょうというときに「今度、一献いかがですか」と誘います。ビジネスの相手に「今度、飲みましょう」「今度、一杯行きましょう」と言うのはカジュアルすぎるので、「一献」という言葉を覚えておくと重宝します。「一献」には、もともと盃一杯のお酒という意味があるので、「一献いかがでしょう」と言ったときには、飲み過ぎに注意です。「何もございませんがいさゝか歓迎のしるしまで一献さしあげたいと存じます」（『税務署長の冒険』宮沢賢治）という用例があります。

一般語彙

基本語

勘案（かんあん）

意味

あれこれ物事を考え合わせること。

「考慮」は、一つの事柄を考える場合、複数の事柄を考え合わせる場合の両方に使いますが、「勘案」は後者にのみ使います。ビジネスでは、さまざまな事情や条件、時には思惑が入り交じることがあります。そんな時、「総合的に勘案いたします」と言えば、先方の考えをあれこれ受けとめ考慮しますという意思表示になります。「今日の情勢に於て可能な研究は將來をも勘案して重點的に進めねばならぬ」（『日本再建と科學』仁科芳雄）という用例があります。

訴求（そきゅう）

意味
宣伝・広告などで、消費者に訴えかけること。

訴えて要求するという意味から派生して、買い手に訴えかけることという意味が生まれました。「訴求する」「訴求効果がある」「訴求対象」という使い方をします。「アピール」とも近い意味ですが、「アピール」よりも改まった感じがする言葉です。「価格訴求」は価格が安いことをアピールすること、「価値訴求」は、商品そのものの機能や消費者が受けるメリットをアピールすることです。「強弱の差こそあれ、かならずドラマをもっている。その訴求力はなにものにもまさってつよいのだ」（『パニック・裸の王様』開高健）という用例があります。

一般語彙

基本語

水掛け論（みずかけろん）

意味

両方が互いに主張しあって解決しない議論。

農民が、それぞれ自分の田んぼに水を引き込もうとして争うことから生まれた言葉です。いつまで経っても結論が出ず、無益な議論のことを言います。あえて異なる立場に分かれて議論することをディベートと言いますが、日本人はこれが比較的苦手です。相手の意見と違うことを言うと、相手を否定しているように感じるからでしょうか。ソクラテス由来の議論は、異なる意見を取り入れることでより高い次元での解決策を見いだす弁証法的なものです。「それは水かけろんと云物《いうもの》で、やくにたたぬ」（『天理本狂言・連尺』）という用例があります。

体調を崩す（たいちょうをくずす）

意味

体の調子を良好に維持できていないこと。

体調については「崩す」「優れない」「おかしい」などが使われます。学生の間は、「体調を崩したのでゼミを休みます」と言えても、社会人になるとそうはいきません。今は特に、限られた人数で仕事を回している会社が多いので、一人休むと他人に大きくしわ寄せがいきます。ちなみに、「体調管理も仕事のうち」と自分に向けて言うのはかまいませんが、他人に言うのは控えましょう。「体調が優れず、自宅療養と可能な限りの在宅勤務となるかも知れないと言う」（『短く語る「本の未来」』富田倫生）という用例があります。

一般語彙

基本語

時宜を得る（じぎをえる）

意味

よい時期をとらえる。タイミングがよいこと。

「時宜」とは、その時やその場に適しているという意味です。「時宜を得る」の意味で「時期を得る」や「時機を得る」と使うのは誤用です。「今回の企画は時宜を得ている」「彼は時宜を得た意見を出す」という使い方をします。時間、機会、状況、条件などさまざまな事柄がちょうどよいのが「時宜を得る」ということなので、時宜を得た発言をするのはなかなかのテクニックです。「記者が其《そ》の一二カ月前発行の号に我が俗諺《ぞくげん》の採集を望めるは時宜を得たるの注意と謂ふべし」（『俚諺論《りげん》』大西祝）という用例があります。

各位（かくい）

意味

みなさま。みなさまがた。

複数の人に対して、それぞれの人を敬っていう場合に使います。「皆様方」よりも改まった表現で、多くメールや手紙などの書き言葉で使われます。「各位」自体が敬語なのですが、明らかに敬意表現とわかるような言葉が入っていないためか、敬語だと思われないことがあります。だからといって「各位様」とするのは誤用です。もし、「各位」で心もとない場合は、「関係者各位」「お客様各位」とするといいでしょう。「各位の御協賛を仰ぎ此《この》盛典を挙行するの幸を得ば」（『吾輩は猫である』夏目漱石）という用例があります。

一般語彙

基本語

けんもほろろ

意味

人の頼みや相談を全く取り合わず、はねつける様子。

「けん」「ほろろ」共に、キジの鳴き声のこと。キジの声が無愛想に聞こえることからできたという説があります。「けんもほろほろ」は誤用です。似た意味に「にべ（も）ない」がありますが、これは全く愛想がないという意味。「けんもほろろ」には、冷たく拒絶するというニュアンスがあります。「明る日学校でこちらが見張ってるとも気づかずこつそりそばへよつてなにかいひかけたがお蕙ちやんは『もうあなたなんぞ嫌ひだ』とけんもほろろの挨拶をした」（『銀の匙』中勘助）という用例があります。

根回し（ねまわし）

意味

ある目的を実現しやすいように、予め話をつけておくこと。

もともとは、樹木を移植する前に、その木の周囲を掘って根を切り、細根を発生させて移植しやすくすることという意味です。そこから、事がうまく運ぶように話をつけておく、という意味が生まれました。「根回し」という言葉にあまりいいイメージを持たない人もいるかもしれませんが、日本社会においてはとても重要なことです。根回しをしておけばイレギュラーなことが起きにくく、安心して物事を進めることができるからです。「騒ぎにならぬように前もって根廻しをしてほしい」（『手鎖心中』井上ひさし）という用例があります。

一般語彙

基本語

段取り（だんどり）

意味

物事を進める手順。

もともとは、芝居や小説などの筋の運びのこと。そこから、手順や準備という意味が生まれました。段取りがつけられるということは、物事の全体像が把握できていて、なおかつ細部の構成要素がわかっているということ。いつまでに、誰が、何をするということがわかっていなければ、段取りをつけることはできないのです。段取り上手になるということは、仕事人としてかなり優秀だと言って過言ではありません。「泣く泣く野辺の送りといふ段取りになって」（『あやしやな』幸田露伴）という用例があります。

帳消し（ちょうけし）

意味

ある言動によって以前のことが相殺されること。

もともとは、お金の貸し借りの勘定が済んで、帳面の記載を消すという意味の言葉です。「名哥《めいか》をよんだら罪は帳消《ちょうけし》だ」（『西洋道中膝栗毛』仮名垣魯文）という用例があります。例えば、野球で一度エラーをしたとしても、次にホームランを打てばエラーは帳消しになるということ。ミスは誰にでもあるものです。ですから、もし仕事でミスをしたら、それを帳消しにするくらいの貢献をすると心得ましょう。そうして努力していくうちに実力がついてきます。これぞまさに〝帳消し力〟。社会人にとって必須の力です。

一般語彙
基本語

表向き（おもてむき）

意味
表面上のこと。世間体。

公と私という概念を重んじる日本社会にとって「表」は大事。芥川龍之介の『手巾』という短編には、息子の死を、生前お世話になった大学教授に告げに行く婦人が登場します。婦人が微笑みを絶やさないでいるのを不思議に思った教授は、ふとしたきっかけで、テーブルの下でハンカチを握りしめて震えている婦人の手を見ます。表向きは微笑みながら、裏では深い悲しみをこらえる。日本人の特徴的な感性と言えるでしょう。「おもてむきばかり義理だてをして、心には財宝利欲立身のみむさぶりぬるを下とす」（『翁問答』中江藤樹）という用例があります。

天王山（てんのうざん）

意味

勝敗や運命の重大な分かれ目。

天王山は京都府の大山崎町にある山で、天正一〇年に秀吉と明智光秀が闘ったときに、この山の占有が勝敗の分かれ目であったことに由来しています。「天王山の戦いが始まった」「いよいよ天王山を迎える」「今日が天王山だ」という形で使います。ビジネスにおいては、大きなプロジェクトのプレゼンテーションは天王山でしょう。この仕事を取るか他社に取られるか。天下分け目の戦い、とも表現します。「レイテが決戦場だ、天王山だという指導者たちの屡々《しばしば》の声明を私は危惧した」（『太平洋戦争日記（三）』伊藤整）という用例があります。

一般語彙

基本語

啖呵を切る（たんかをきる）

意味

歯切れのいい言葉で、勢いよくまくしたてる。

ひどく咳の出る病気である「痰火」を治療するのを「痰火を切る」と言い、治療すると胸がすっきりすることからこの意味が生まれたと言われています。思いきったことを言うときや、激しく相手をののしるときにも使います。社会人としては、啖呵を切るのはよっぽどのこと。頻度が高いとただの怒りっぽい人になり面倒がられてしまうので、せいぜい1～2回。ここぞというときのために取っておきましょう。「えらいたんか切りくさったら、頭《どたま》みしゃいでこますぞよ」（滑稽本『客者評判記』）という用例があります。

顰蹙（ひんしゅく）

意味

眉をひそめること。不快の念を表して、顔をしかめること。

「顰蹙を買う」とは、周りに眉をひそめさせるようなことをして嫌われたり軽蔑されたりすること。「顰蹙を買われた」は誤用であり、また「顰蹙を売る」という言い回しはありません。顰蹙の程度が強いことは「大顰蹙」と言います。顰も蹙も顔をしかめるという意味です。「ひんしゅく」の意味を理解している人は多いと思いますが、この機会に漢字も覚えておきましょう。少なくても読めることは社会人として必須の知識です。「所謂《いわゆる》教育ある人達を顰蹙せしめたけれど」（『平凡』二葉亭四迷）という用例があります。

一般語彙

基本語

鬼籍に入る（きせきにいる）

意味

死ぬことの婉曲的な表現。

「鬼籍」とは、お寺が死者の名前や死亡年月日を記しておく帳面のこと。亡くなると鬼籍に名前を記入されることから生まれた言葉です。「入る」という言葉がある分、「亡くなる」「死ぬ」ほど直接的な表現ではないので、話し言葉でも書き言葉でも使いやすいでしょう。ネガティブな事柄については、状況や相手に応じて使い分けられるような表現のバリエーションを持っておくといいですね。「安氏が回復の志願を達せず空しく鬼籍に入りたることを」（『経国美談』矢野龍渓）という用例があります。

猪口才（ちょこざい）

意味

小生意気なこと。こざかしいこと。

「猪口」は当て字で、「ちょこ」は「ちょこちょこ」や「ちょこまか」にあるような擬態語です。ちょっとした才能しか持っていないくせに生意気な、という意味です。「猪口才なヤツだ」「猪口才なことばかり言うな」という形で使います。口語的ではありませんが、音の勢いがいいので、会話に弾みがつきます。年配の人が年下の人をいさめるときに使う言葉なので、目上の人に使ってはいけません。「ヤちょこざいなけさい六《ろく》、ゑらぼねひっかいてくれべい」（浄瑠璃『女殺《おんなごろし》油《あぶらの》地獄《じごく》』）という用例があります。「けさい六」は青二才のことです。

一般語彙

基本語

おもねる

意味

機嫌をとってその人に気に入られるようにする。

「おも」は「面」、「ねる」は「練る」で、顔を左右に向けるという意味があります。こびへつらう、追従する、と似た意味です。否定形は「おもねず」ではなく「おもねらず」。上司によく思われたくておもねりたくなる気持ちはわかりますが、企業は異動がつきもの。その人だけに評価されていると、上司が変わった途端に仕事がしにくくなります。おもねる姿は周りの同僚から見てもいい気持ちはしません。おもねらず、実力で勝負しましょう。「此の神、大己貴神《おほあなむちのかみ》に佞《おもねり》媚《こ》びて三年に以及《な》るまで、尚《ひさ》し報聞《かへりことまう》さず」（『日本書紀』）という用例があります。

杜撰（ずさん）

意味

間違いが多く、いい加減なこと。

一説によると、「杜」とは宋（中国）の詩人・杜黙のことで、「撰」は著作という意味。杜黙の作る詩は音律に合わないものが多いことから「杜撰」という言葉ができたと言われています。「杜撰な管理」「杜撰な計画」「杜撰な対応」というふうに、物事がいい加減な場合に使う言葉で、「杜撰な人」「彼は杜撰だ」という使い方はしません。使うならば、「彼の仕事は杜撰だ」という形にします。「神経質でありながら、案外ずさんなところのある彼は」（『さい果て』津村節子）という用例があります。

一般語彙

基本語

慇懃（いんぎん）

意味

物腰が丁寧で礼儀正しいこと。念入りにすること。

「慇懃にお礼を言う」「慇懃な態度で接する」という使い方をします。多くの場合「慇懃無礼」という四字熟語で使うので、「慇懃」にいい意味を感じられないかもしれませんが、もともとは丁寧なという意味です。「慇懃無礼」とは、丁寧すぎてかえって失礼にあたること、また表面的には丁寧にしていても本当は横柄な態度であることを表します。敬語をいくつも重ねたり、謙遜しすぎたりするのは無礼にもなると思っておきましょう。「隣に行きてゐんぎんに畏《かしこ》まりて、しかしかのことといふ」（『御伽草子《おとぎぞうし》』）という用例があります。

忖度（そんたく）

意味
他人の気持ちをおしはかること。

「忖」も「度」も、はかるという意味があります。「推量」「推察」「推測」と似た意味の言葉です。政治家が使って膾炙《かいしゃ》した言葉ではありますが、平安中期の菅原道真の著作である漢詩集『菅家後集』にも用例が見られます。自分の意見や要望を明確に表すことを控える傾向にある日本人にとっては、忖度あってこそ人間関係が成り立つのです。とはいえ、忖度しすぎて取り越し苦労にならないように気をつけましょう。「ピカソの真意を忖度しようとすると」（『近代絵画』小林秀雄）という用例があります。

差し支え（さしつかえ）

意味　何かをするのに都合の悪いこと。

「差し支えがあって……」と言うときは、往々にして「なぜ都合が悪いのか」という理由が言えないことがあります。そのときは、理由を追求しない方がお互いのためというもの。「差し支えがなければ、ぜひ来てほしい」

留意（りゅうい）

意味　ある物事に気をつけること。

「注意」よりも改まったイメージがあります。また、「注意」は主にその時のことですが、「留意」は常に気をつけるという意味があります。「健康に留意します」「以下の点に留意して、このプロジェクトを進めましょう」

気を揉む（きをもむ）

意味　心配してやきもきする。

はらはらしたり、いろいろな事態を想定して心配するときに使います。相手をはらはらさせるという意味で「気を揉ませる」という形でも使います。「雨で延期になるのではないかと気を揉んだ」「彼はいつもギリギリに来るので気を揉ませる」

予め（あらかじめ）

意味　物事の始まる前に、ある事をしておくこと。

「前もって」も同じ意味ですが、改まった表現としては「予め」の方がいいでしょう。ビジネスでは、常に先回りして備えておくことが大切です。「予め地図で調べておきました」「欠席の場合は、予めご連絡ください」

何なりと（なんなりと）

意味

相手の意向にまかせる気持ち。

何であろうとも、何でもという意味。「何なりとお申し付け下さい」という言い回しがありますが、本当に「何なりと」申し付けられると困ることがあるので、相手によって使い分けることが必要です。

尽力（じんりょく）

意味

目的の実現のために、力を尽くすこと。

「努力」と似たような意味ですが、「尽力いたします」と言った方が改まった言い回しになります。くれぐれも「尽力を尽くす」と言わないように気をつけましょう。「多大なるご尽力をいただき、ありがとうございます」

配慮（はいりょ）

意味　**あれこれと心をくばること。**

想定される事柄についての対処方法を考えて手を打つというときに使います。配慮がない場合は「配慮に欠ける」「配慮が足りない」と言います。「きめ細かくご配慮くださり、助かりました」「お客さまへの配慮が足りませんでした」

手に余る（てにあまる）

意味　**自分の力では及ばない。**

能力の範囲を超えていて、太刀打ちできないというときに使います。「手に負えない」と同じ意味。ビジネスでも、「手に余る」と思ったときは早めに上司に相談しましょう。何事も見極めが大切です。「これは、私の手に余る難問です」

一般語彙
基本語

苦慮する（くりょする）

意味 解決できないことについて、いろいろと思い悩むこと。

「苦心する」「腐心する」と同じ意味で使います。知識や経験がなければ、苦慮する場面は多くあります。しかし、乗り越えて一つでも解決できれば、それが血となり肉となるのです。「対応に苦慮する」「事態の収拾に苦慮しています」

小粋な（こいきな）

意味 洗練されていること。しゃれていること。

「小意気」とも書き、「小意気過ぎる」というときは、生意気なことという意味で使われます。「小」は、小さいという意味ではなく、「なんとなく」という意味です。「小粋な店を知っているので、今度ご招待します」

手堅い（てがたい）

意味
堅実で、あぶなげがないやり方。取引相場が安定していること。

奇をてらったりせず確実な方法を取るのはいいことではありますが、時として、ありきたりでつまらないと思われることがあります。しかし、慣れないうちは手堅い方法をとって、リスクを回避しましょう。
「手堅い商売をする」

思慮深い（しりょぶかい）

意味
物事を注意深く、十分に考えること。

上司に何か問われたとき、即座に答えることは大切です。ただ、いつもすぐに答えていると「ちゃんと考えているのかな」と思われてしまうので、時には思慮深い様子を見せてからゆっくり答えるのも効果的です。「彼は思慮深い性格だ」

一般語彙

基本語

基本に忠実（きほんにちゅうじつ）

意味　**物事を基礎的な方法に従って進めること。**

どんなことでも「基本」は重要です。とはいえ、基本ばかりではビジネスはうまくいきません。基本から応用、さらには独創へと発展させる力をつけるように心がけましょう。「基本に忠実なのはいいが、少しバリエーションがほしい」

承服（しょうふく）

意味　**もっともだと思って従うこと。**

主に否定の語を伴って「承服し兼ねる」として使います。「〜し兼ねる」はできないということ。言われたことに納得できないとき、「わかりません」や「できません」は稚拙な言い回しなので、「そのお話には承服し兼ねます」と言いましょう。

今後の推移次第（こんごのすいいしだい）

意味　事の展開によって状況が変わること。

提案されたことに対して、「今は受け入れられませんが、もしかしたら今後は可能性が出てくるかもしれない」と、含みを持たせて断るときに使います。あまり期待しないで待ちましょう。「この件については、今後の推移次第ですね」

適切な処置（てきせつなしょち）

意味　状況によく合った取り扱いのこと。

そのときどきに応じて何が「適切か」を見極めることができれば、社会人としては合格です。何が「適切か」は、状況によっても、それをジャッジする人によっても変わります。「君の適切な処置のおかげで、大事に至らなくて済んだよ」

一般語彙
基本語

齟齬（そご）

意味
意見や事柄がかみ合わないこと。

「齟齬をきたす」「齟齬が生じる」という形で使います。上下の歯が合わない、ということから来た言葉です。「食い違い」と同じ意味ですが、社会人としてはこちらの言葉を使う方がいいでしょう。「両者の意見に齟齬が生じていますね」

おあいにくさま

意味
相手の希望に応じられず申し訳ないという気持ちを表す。

「あいにく」は、予想と違って具合の悪いことという意味です。「おあいにくさま」は、気心の知れた間柄で、皮肉の意味をこめて「残念でしたね」というときに使います。「おあいにくさま、思った通りにはいかないものですよ」

やむなく

意味 仕方がなく、どうしようもなく。

「やむをえず」とも言い、「いやいや」「しぶしぶ」「不承不承《ふしょうぶしょう》」と同じ意味です。他に選択肢がないときに使う言葉です。「社長はやむなく会社を手放した」「人数がそろわなかったので、やむなく中止した」

先約（せんやく）

意味 以前からの約束。先に交わしていた約束。

ビジネス上の付き合いのある人から食事などに誘われたとき、他に予定はないけれど気が進まなくて断りたいときは、「先約があるので」と言えば大丈夫です。特に詳細を述べる必要はありません。「先約があって出席できない」

よんどころない

意味 そうするよりしかたがない。やむをえない。

「拠《よ》り所がない」という意味で、「それに基づくところがない＝どうしようもない」という意味になります。

「よんどころない事情がありまして、今回は残念ながら欠席させていただきます」

若輩者（じゃくはいもの）

意味 年が若い者。未熟で経験の浅いこと。

自分のことをへりくだって言うときや、上司が部下を人に紹介するときなどに使います。「未熟者」も同じ意味です。「若輩者ではございますが、どうかご指導くださいませ」

「若輩者ですが、精一杯尽力いたします」

不躾（ぶしつけ）

意味　礼儀がなっていないこと。無作法なこと。

目上の人に何かを頼んだり問いかけたりするときの枕詞として使います。「大変失礼ながら」と同じような意味です。「不躾な質問で恐縮ですが、ご出身はどちらでしょうか」「不躾ながら、一つお願いがございます」

面目ない（めんぼくない）

意味　恥ずかしくて顔向けできない。

世間に対して申し訳ないという気持ちを表します。丁寧語にする場合は、「面目ありません」「面目ございません」となります。「こんな失態を演じまして、面目ありません」「お呼び立てしたのは私ですのに、遅れてしまって誠に面目ない」

失念（しつねん）

意味　うっかり忘れること。度忘れすること。

目上の人に対して、「忘れていました」「うっかりしました、すみません」と言うのでは締まりがありません。「失念しておりました」は、書き言葉でも話し言葉でも使えて改まった印象になり、反省する気持ちも伝わります。

異存（いぞん）

意味　他の人とは違った考え。反対の意見。

似た意味の言葉に、「異議」「異論」があります。出された事柄についての不満や逆の意見のことを言います。「異存がなければ、この案で進めさせていただきます」「彼にこの件を任せることについて、異存はありません」

おいとま

意味　**訪問先から退出すること。**

「いとま」とは、仕事の合間、休暇、時間のゆとりなどのことを言います。「おいとまする」は、辞去する、帰る、という言葉をやわらげる表現です。「もうそろそろ、おいとましようか」「すぐにおいとましますので、お構いなく」

栄転（えいてん）

意味　**今までより高い地位・役職に就くこと。**

他人の転任について敬意をこめて言うときにも「栄転」と言います。栄転のことを知ったら、お祝いの言葉を伝えるのが礼儀と心得ましょう。「栄転」の対義語は、「左遷」です。「このたびのご栄転、心からお祝い申し上げます」

養生（ようじょう）

意味

健康に心がけること。病気を治すように努めること。

体を大切にしてくださいという意味で、「養生してくださいね」と言います。ちなみに「医者の不養生」とは、正しいとわかっていながら実行しないという意味で、「紺屋の白《しろ》袴《ばかま》」と同じ意味です。「今度ばかりは養生につとめます」

重宝（ちょうほう）

意味

貴重な宝物。大切に扱うこと。

「重宝しています」というときは、便利で都合がいいので使っているという意味になります。ビジネスでは、人材として重宝されるようになりたいものです。「彼は、部の皆に重宝がられている」「これは重宝している手帳です」

遵守（じゅんしゅ）

意味　法律や道徳などをよく守ること。

「順守」とも書きます。「遵」を「尊」と間違えないように注意しましょう。「遵」には、筋道を外れない、規則に従うという意味があります。「守ります」よりも「遵守します」の方が改まった言い回しです。「交通ルールはきちんと遵守します」

鋭意（えいい）

意味　集中して努力する様子。

社会人として決意を述べるときに、「一生懸命がんばります」では締まりがありません。鋭い意志をもって努力する、というニュアンスで、「鋭意努力して参る所存です」くらいは言えるようにしておきましょう。

苦衷（くちゅう）

意味　苦しい心の中。

「衷《ちゅう》」は「心や物事の真中」という意味です。苦しい感情を心に秘めたまま、直接的に表現するのが苦手な日本人ならではの言葉と言えます。

「苦衷をお察しします」「苦衷を察するに余りある」

心痛（しんつう）

意味　心が痛むこと。心配して悩むこと。

「心配」と意味は近いのですが、「痛」という字があるように、心配することによって心を痛める苦しさ・つらさを表しています。「心痛のあまり、体調を崩した」「ご心痛をお察しします」「社長は会社のことで心痛が絶えない」

同慶（どうけい）

意味　**自分にとっても同じように喜ばしいこと。**

「慶」は、おめでたいことやお祝いごとに使う字です。同慶は「ご同慶」という形で、相手の喜ばしいことを祝うときに使います。「自分のことのようにうれしい」という気持ちを表します。「このたびのご昇進は、ご同慶の至りです」

慙愧（ざんき）

意味　**恥じ入ること。**

自分の行為を反省して恥ずかしく思うこと。「あなたの行動は慙愧だ」など、他人のことについては使わない言葉です。「私の不徳のいたすところで、慙愧に堪えません」「このたびの失礼、はなはだ慙愧の至りです」

要用（ようよう）

意味 とても必要なこと。

重要な用事、大切なことを表す言葉です。音で聞いても漢字が浮かびにくいので、メールや手紙などの書き言葉で使うといいと思います。むやみに使うのは避けましょう。「取り急ぎ、要用のみお伝えいたします」

申し送り（もうしおくり）

意味 次の者に言って伝えること。

仕事の内容などを後任者に伝えるときに使う言葉です。担当者が変わることはよくあることなので、誰が見てもわかるように、書面で仕事の内容をまとめておくとスムースな申し送りができます。「申し送り事項を確認します」

傾注（けいちゅう）

意味　**心を集中させること。**

「心を傾けて注ぐ」と覚えましょう。「集中」も意味としては近いですが、「傾注」には「心を捧げる」というニュアンスがあるので、より強い意志が感じられます。「努力を傾注する」「このプロジェクトに全力を傾注します」

快気（かいき）

意味　**病気がよくなること。**

病気が全快したことのお祝いを「快気祝い」と言います。快気祝いは、お見舞いをくれた人たちのために、病気だった側がお返しをすること。逆の意味で覚えている人が多いので、要注意です。「快気祝いの贈り物を選びに行こう」

先般（せんぱん）

意味
さきごろ。この間。

「この間」や「この前」も同じ意味ですが、「先般」の方が改まった表現になるので、ビジネスではこちらを使いましょう。ちなみに、「今度」は「今般」と言います。「先般の会議で確定した事項についてご連絡いたします」

精査（せいさ）

意味
詳しく細かに調べること。

報告書や計画書など、出来上がった書類について内容を細かくチェックし、正しいかどうかの判断をするときに使います。相手に頼むときは「ご精査ください」となります。「今日得た情報については、精査が必要だ」

小職（しょうしょく）

意味　地位の低い官職。

官職についている人が自分を謙遜して言う言葉ですが、今では民間でも使われています。書き言葉で「私」の代わりに「小職」と使うこともあります。「小職、このたび異動することになりましたので、ご連絡とご挨拶を申し上げたく存じます」

放念（ほうねん）

意味　気にかけないこと。心配しないこと。

自分が心配しないことではなく、相手に「心配しないでください」と言うときに使います。その場合は「放心」も同じ。話し言葉よりも、書き言葉で使うことの方が多いでしょう。「なにとぞ、ご放念ください」

割愛（かつあい）

意味　思いきって捨てること。

もともとは仏教語で、愛着の気持ちを断ち切るという意味。惜しいものを手放す、文章や解説などの一部をカットする、省略するなどの意味で使われます。「時間の関係上、詳しい説明は割愛させていただきます」

不問に付す（ふもんにふす）

意味　過失などをとがめないでおく。

過失は確かにあったけれど、いろいろ考えた上であえてとがめないことにする、という意味。なかったことにするのとは意味が違うので、要注意です。「今回の件については、君だけの責任とは言えないので不問に付すことにするよ」

既視感（きしかん）

意味　初めてなのに以前見たことがあるかのような感覚を覚えること。

フランス語では「デジャ・ビュ」と言います。対して、見慣れているのに初めて見たように感じられることを「未視感（ジャメ・ビュ）」と言います。「その場所に行ったとき、なぜか既視感を覚えた」「既視感のある光景だ」

利回り（りまわり）

意味　利息・利益配当の元金に対する割合。

利回りとは年間収益の割合のことなので、債券を買う場合は、利率よりも利回りに注目することが大切です。「この銀行の普通預金は、意外に利回りがいい」「高利回りの投資を考えなさい」

ドル箱（どるばこ）

意味

金銭を入れる箱。多くの利益をもたらすもの。

主な収入源となる商品や人に対して使う言葉です。「ドル箱路線」「ドル箱事業」「ドル箱商品」と、名詞を伴った使い方もします。「彼が開発した商品は、わが社のドル箱となった」「あの俳優は、ドル箱スターだ」

寸暇（すんか）

意味

わずかのひま。

「寸暇を惜しんで働く」というふうに、わずかな時間も惜しんで何かに没頭するという表現に使われます。「寸暇を惜しまず働く」は誤用です。「あまりに多忙で、寸暇もないような状況だ」「寸暇を惜しんで研究する」

歯牙にもかけない（しがにもかけない）

意味　問題にしない。相手にしない。

「歯牙」はもともと「歯と牙」の意味ですが、「言葉」という意味もあります。「歯牙の間に置く」は、取り立てて言う、問題にする、議論の対象にするという意味です。「彼は、周囲の人が何と言おうと歯牙にもかけない」

お役御免（おやくごめん）

意味　ある役目をやめさせられること。物を処分すること。

仕事をやめさせられる、降ろされるという意味もありますが、やめて解放されるというニュアンスもあります。「後輩ががんばってくれているので、ようやくお役御免になった」「このパソコンはもうお役御免だ」

一縷の望み（いちるののぞみ）

意味 ごくわずかな望み。

「一縷」とは、一本の細い糸のこと。そこから、かろうじてつながっている状態、という意味になります。おぼつかない、今にも絶えそうな、という例えにも使います。「一縷の望みが残っているのだから、絶望するのはまだ早い」

愁眉（しゅうび）

意味 愁いを含んだまゆ。

悲しみや心配ごとを心の中に隠し持っているような表情のこと。「愁眉をひらく」とは、悲しみや心配がなくなってホッとした表情になることです。「家族の心配ごとが解決して、部長はようやく愁眉をひらいた」

懸案（けんあん）

意味　問題になっていて、まだ解決されていない事柄。

課題や問題は、取り組むべき事柄について言いますが、「懸案」は解決すべき事柄のことを言います。緊急度が高いのは「懸案」です。「懸案の解決が急がれる」「多くの懸案事項を抱えていて、どれから手をつけてよいかわからない」

捺印（なついん）

意味　印鑑やスタンプなどで印をつけること。

「捺印」自体に「(印判を) 押す」という意味があるので、「捺印を押す」は誤用です。予め記名されているところに押す場合は「押印」、自筆で署名をして押す場合は「捺印」と言います。「この書類に署名捺印をお願いします」

御託（ごたく）

意味　もったいぶって、くどくどと言いたてる。

もともとは「御託宣《ごたくせん》」の略で、神仏のお告げという意味がありますが、会話で使われる場合は自分の言い分をえらそうに言いたてること、という意味で使います。「御託を並べていないで、早く仕事をしなさい」

口裏（くちうら）

意味　口ぶりで心中を察すること。言葉に隠されているもの。

「口裏を合わせる」とは、予め打ち合わせをして、言うことが食い違わないようにすること。「口車を合わせる」は誤用。「あの人たちは、口裏を合わせていたに違いない」「彼の口裏から、だいたいの状況が見えてきた」

夢寐にも（むびにも）

意味　眠っている間も、かたときも。

まずは、「むびにも」という読みを覚えておきましょう。「寐」は、「寝」の旧字体です。「夢寐にも忘れない」という形で、どんなときも忘れないという意味で使います。「あの人のことは、夢寐にも忘れません」

啓蒙（けいもう）

意味　無知な人をよい方向に教え導くこと。

教え導くこと自体はいいことですが、それが「よい方向」なのかどうかはきちんと見極める必要があります。「啓発」は、知識を与えられて理解を深めることです。「大衆を啓蒙する」「これは啓蒙的なパンフレットだ」

うやむや

意味　物事がはっきりしないこと。あいまいな様子。

漢字では「有耶無耶」と書きますが、ひらがな表記が一般的です。はっきりさせられないのではなく、意図的にはっきりさせないというニュアンスがあります。「責任の所在がうやむやになってはいけない」「話し合いがうやむやに終わった」

とどのつまり

意味　物事の果て。結局のところ。

魚のボラが名前を変えて成長し、最後にはトドとなることが語源と言われています。いろいろなプロセスがあっても最後にはそこにたどり着く、という意味で使います。「とどのつまりは、予算が足りなくて実現できないのだ」

悲喜こもごも（ひきこもごも）

意味　**悲しみと喜びが入り交じっていること。**

悲しみと喜びをかわるがわる味わう、という意味でも使います。一人の人の中で喜びと悲しみが入り交じる、という意味なので、「試験に合格した人、不合格だった人、悲喜こもごもだ」は誤用。「ここで過ごした日々は、悲喜こもごもだった」

鞍替え（くらがえ）

意味　**仕事や所属を変えること。**

もともとは、遊女や芸者が他の店に勤めることを表した言葉。もともとしていた職業などをやめて、新しく他のことを始めるときにも使います。「衆議院議員が参議院に鞍替えする」「条件のいい職場に鞍替えした」

虎の巻（とらのまき）

意味　兵法の秘伝を記した書。奥義、秘訣。

講義などの種本や、教科書の内容を解説した参考書も「虎の巻」であり、「あんちょこ」（安直から変化した言葉）とも言います。中国の兵法書『六韜《りくとう》』の一つである「虎韜」からできた言葉。「虎の巻に頼り過ぎてはいけない」

お開き（おひらき）

意味　会合・宴会などの終わり。閉会。

「終わる」「閉じる」という言葉を避けるためにできた言葉と言われています。「お開き」となったらぐずぐずせずに、スマートに帰り支度をしましょう。「本日は、これを以ってお開きとさせていただきます」

門前払い（もんぜんばらい）

意味 **来訪者に面会せず、帰らせること。**

「門前払いを食わせる」「門前払いを食う」という形で使います。江戸時代、罪人を奉行所の門の前で追放する刑、最も軽い追放を「門前払い」と言ったことが語源という説があります。「営業先で門前払いを食わされたよ」

瀬戸際（せとぎわ）

意味 **勝敗、成否などの分かれ目。**

「瀬戸」は「狭門《せと》」のことで、陸に挟まれた海峡のことを言います。「瀬戸際」とは海峡と海の境目のこと。そこから、運命を左右する分かれ目という意味になりました。「今が、この企画が成功するか否かの瀬戸際だ」

牙城（がじょう）

意味

城の本丸で、主将のいる所。強敵の本拠地。

相手方の中心となるところ。相手を攻めるには、外堀を埋めるという方法もありますが、本丸を落とさなければどうにもなりません。ビジネスでも、決定権者を説得できると話は早く進みます。「この一撃で、相手の牙城が揺らいだ」

どんぶり勘定（どんぶりかんじょう）

意味

おおまかに金の出し入れをすること。

昔、職人が物入れ（どんぶり）から無造作にお金を使っていて、そこから生まれた言葉と言われています。ビジネスは、予算や決算なくしては成立しません。無計画などんぶり勘定は危険です。「あの会社の経理は、どんぶり勘定だ」

芋づる式（いもづるしき）

意味　一つのことから多くのことが現れること。

一本の芋づるをたぐると、地中から次々に芋が出てくることからできた言葉と言われています。新しいことを学ぶ場合、芋づる式に覚えていくと効率的で、かつ忘れにくくなります。「芋づる式に新事実が出てきた」

滅相もない（めっそうもない）

意味　とんでもない。あるべきことではない。

「滅相」とは、仏教で存在するすべてのものが滅びて過去に入ること。そのくらいあってはならないこと、という意味です。自分にとって過分な申し出を断るときにも使います。「そんなお役目、滅相もない。私には荷が重すぎます」

ないがしろ

意味 あってもないかのように軽んじること。

「ないも同然」という意味の「無きが代」が変化して「ないがしろ」になったと言われています。無視する、軽視する、と似たニュアンスです。「人間関係をないがしろにしては、仕事はできない」「人の好意をないがしろにしてはいけない」

上前をはねる（うわまえをはねる）

意味 他人に取り次ぐ代金の一部をかすめとる。

「上前」は、仲介料という意味の「上米《うわまい》」が変化した言葉です。「上前を取る」とも言いますが、「上前をかすめる」は誤用。同じ意味の俗語に「ピンはねをする」があります。「この会社は、上前をはねているに違いない」

埒があかない（らちがあかない）

意味　物事の決まりがつかない。事態が進展しない。

「埒」とは馬場の周囲の柵のことで、埒があかないことには馬が走れないことからできた言葉。ちなみに、「不埒」とは道理に外れているという意味です。「電話で話しても埒があかないので、今から会いに行ってきます」

お歴々（おれきれき）

意味　地位の高い立派な人の集まり。

接頭語の「お」をつけた形で使うのが一般的。ただ単に「偉い人」という以上に、実力や影響力のある人たちに対して使います。「政財界のお歴々が一堂に会するので、とても緊張する」「お歴々の前で失礼があってはいけない」

女史（じょし）

意味　社会的地位・名声のある女性を敬って呼ぶ言葉。

「○○女史」と、名前の敬称として使います。しかし、今の時代、女性を特別視する言葉は避ける傾向にあるので、女性にも「○○氏」と使いましょう。気性の激しい女性を揶揄して使うケースもありますが、非難を浴びること必至です。

にべもない

意味　愛想がない、そっけない。

「にべ」とは、ニベ科の海水魚「鮸《にべ》」などから作る粘着力の強い膠のこと。「にべもない」とは粘りがないというニュアンスです。「食事に誘ったけれど、にべもなく断られたよ」「あの会社は、いつもにべもない対応だ」

齷齪（あくせく）

意味　**気持ちにゆとりがなく、せかせかする様子。**

「齷」も「齪」も、歯の間が狭い様子を表します。そこから、心が狭くて余裕がないことという意味になりました。正式な読み方は「あくさく」です。「齷齪働かなくてもいい人がうらやましい」「齷齪しないでのんびりやろうよ」

跋扈（ばっこ）

意味　**思うままにのさばること。**

大きい魚が籠の中に入らないということから、勝手な行動をするという意味になりました。悪い者がのさばるというニュアンス。「跳梁《ちょうりょう》跋《ばっ》扈《こ》」という四字熟語もあります。「悪徳業者が跋扈するのは許せない」

語るに落ちる（かたるにおちる）

意味　勝手にしゃべらせるとうっかり秘密をしゃべってしまう。

「問うに落ちず語るに落ちる」を省略した言葉です。問い詰められると白状しないけれど、油断してしゃべっているうちに、つい本音が出てしまうという、人間の性を表しています。「彼は、ついに語るに落ちたね」

逆鱗に触れる（げきりんにふれる）

意味　天子の怒りに触れること。目上の人を激しく怒らせること。

「逆鱗」とは、竜ののどの下にある逆さの鱗のこと。触られると竜が怒って人を殺すと言われていることから生まれた言葉です。「彼女の一言が、社長の逆鱗に触れた」「あの人の逆鱗に触れたら、この仕事も終わりだ」

半畳を入れる（はんじょうをいれる）

意味　他人の言動に非難の言葉をかけること。

役者の芸に不満を持った見物人が、敷いている半畳（一人分の敷物《しきもの》）を舞台に投げ入れることから生まれた言葉です。相撲で土俵に座蒲団を投げ入れるのと同じですね。「半畳を打つ」とも言います。「披露宴のスピーチに半畳を入れる」

毒気に当てられる（どくけにあてられる）

意味　非常識な行動に呆然とすること。

言葉を失うほど唖然とする様子を表す言葉です。「毒気」とは、人に害を与えるような心のこと。「どっけ」や「どっき」とも読みます。「傍若無人に騒ぐ人たちの毒気に当てられて、早々に帰ってきたよ」「毒気に当てられて、散々な日だ」

いまわの際（いまわのきわ）

意味　臨終の時。死にぎわ。

「いまわ」はもともと「今は」で、「今は限り」、命が終わる間際という意味です。「いまわの際」を「今ごろになって」という意味で使うのは誤用です。「祖父がいまわの際に言い残したことを、今でも守っています」

噛んで含める（かんでふくめる）

意味　よく理解できるように丁寧に言い聞かせる。

食べ物を消化しやすいように、よく噛んでから子どもの口に入れてあげるということから「丁寧に言い聞かせる」という意味になりました。「噛んで含むように」は誤用です。「新入社員に、仕事のイロハを噛んで含めるように説明した」

音に聞く（おとにきく）

意味　人伝《ひとづて》に聞く。うわさに聞く。

ここで言う「音」とは、うわさ、評判のこと。百人一首では、「評判の高い」という意味で使われています。「音に聞くところでは、あの二人は結婚するそうだ」「A社とB社の合併話を音に聞くけれど、実際はどうかわからない」

ちょうちん持ち（ちょうちんもち）

意味　提灯を持って先導する人。人の手先としてその人をほめてまわる人。

似たような意味で使われる「太鼓持ち」は、相手の機嫌をとるという点で「ちょうちん持ち」とは異なります。人の足元をちょうちんで照らすことから生まれた言葉です。「いつまでもちょうちん持ちをしているわけにはいかない」

一般語彙

基本語

つつがない

意味　災難などがない様子。平穏無事なこと。

「つつが」とは病気や災難という意味。トラブルやアクシデントなどが何もなく、無事に事が済んだときに使います。「つつがなくイベントを終えることができて、安心しました」「つつがなく日々暮らしていきたい」

市井（しせい）

意味　人が集まっている所。

昔の中国で、井戸のところに人が集まって市が立ったことから出来た言葉と言われています。ちまた、という意味。「市井の人」と言ったら庶民のことを指します。「市井の人たちと力を合わせてこの地域を盛り上げたい」

辟易（へきえき）

意味　勢いに押されてしり込みすること。閉口すること。

「辟」は避ける、「易」は変えるという意味で、避けて場所を変えるということからしり込みする、閉口する、参る、という意味になりました。

「部長の剣幕にはさすがに辟易した」
「あの人の度重なる愚痴には辟易するよ」

直訴（じきそ）

意味　直接上役に訴え出ること。

企業というのは、序列や「筋」を重んじる組織です。本来は直属の上司を通して意見を伝えるべきですが、それでは伝わらないと判断したときには、トップに直訴するという方法もあります。「社員たちの苦しみを社長に直訴する」

進捗（しんちょく）

意味　**物事がはかどること。**

「仕事の進捗状況」とは、その仕事がどのくらい進んでいるのかという度合いの事を指します。もし、上司から「君に任せるよ」と言われたとしても、進捗状況は報告し、情報共有しておいた方が安全です。「部長、進捗状況をご報告します」

出納（すいとう）

意味　**金銭や物品の出し入れのこと。**

主に現金の支出と収入のことを言い、「出納検査」とは、現金の出し入れを検査すること。収入と支出の明細を記録する帳簿のことは「現金出納帳」と言います。「彼がこのホテルの出納係だ」「現金出納帳に正しく記載する」

弾劾（だんがい）

意味　罪や不正を調べ上げて明らかにし、責任を追及すること。

主に、公的に責任ある立場の人が犯した不正に対して使います。「弾劾裁判所」とは、罷免された裁判官を裁くために、衆議院・参議院の議員で組織する裁判所のこと。「不正を犯した議員に対して弾劾手続きをとる」

教唆（きょうさ）

意味　他人をそそのかすこと。他人が罪を犯すようにし向けること。

教唆を受けた人が罪を犯した場合は、教唆した者も教唆犯として処罰されます。教唆は共犯の一つとされている犯罪行為です。「彼は、殺人教唆の容疑で昨日逮捕された」「教唆扇動する」

斡旋（あっせん）

意味　間に入って両方の者がうまくゆくように取りはからうこと。

人と人の間に入るという意味の他に、人に何かを紹介して世話をする、という意味もあります。似た意味の言葉に「周旋」があります。「大学の先生の斡旋で入社することができました」「私に仕事を斡旋してもらえませんか？」

諜報（ちょうほう）

意味　相手の情勢などを探って知らせること。

国家の情報や情勢について使う言葉なので、新聞やニュースでは使われますが、一般の会話で使うことはほとんどないでしょう。「諜報戦」とは、互いの情報を秘密裡に得て争うこと。「戦争になると、諜報活動が盛んになるだろう」

猶予（ゆうよ）

意味

ためらって実行しないこと。実行を先送りすること。

ぐずぐずとして実行しない、決断できないというニュアンスもあります。「執行猶予」は、刑の執行を先送りするという意味です。「この問題については、一刻の猶予も許されない」「支払について、猶予をいただきたいのですが」

言質（げんち）

意味

後々証拠となる言葉。

「言質を取る」「言質を取られた」という形で使います。ビジネスでは、言質を取られると後から大変なことになるケースがあります。クライアントとの会話では、慎重に言葉を選びましょう。「言質を取られないように気をつけよう」

ンとの、
い関係。

一般語彙
基本語

遡及（そきゅう）

意味　過去にさかのぼって影響を及ぼすこと。

「さっきゅう」と誤読しないように注意しましょう。同音異義語の「遡求」はさかのぼって追求するという意味です。「この規定は、本年1月1日に遡及して適用されます」「不足分の給与は遡及して支払われます」

凋落（ちょうらく）

意味　しぼんで落ちること。衰えること。落ちぶれること。

落ちぶれるという意味では「落魄《らくはく》」「零落」も同じです。それまで勢いがあったものほど、激しい落差に戸惑うもの。そこからどうはい上がるかが勝負です。「凋落の運命をたどる」「あの会社は凋落の傾向がある」

更迭（こうてつ）

意味

その役目の人が変わること。

本来は人を入れ替えるという意味ですが、「更迭される」という形で、不祥事を理由に人を変えるときに使われることが多くなっています。

「首相は閣僚を更迭した」「チームの成績不振のため、監督が更迭された」

反故（ほご）

意味

役に立たないもの。無駄なもの。

「反古」とも書きます。もともとは、書き損じて不要になった紙のこと。「反故にする」とは、ないものにする、無効にする、という意味。「今日になって急に約束を反故にされたよ」「選挙公約を反故にしてはいけない」

一般語彙
基本語

流布（るふ）

意味　世間に広まること。広く知れ渡ること。

「流布」は、評判や考え方などの事柄が広まること。物が広まることは「普及」と言います。「流布本」とは、同じ原本から出た本の中で最も広まっている本のこと。「悪い噂が流布して、とても困っている」「彼の説は、世界中に流布している」

破綻（はたん）

意味　物事がうまくいかなくなること。成立しないこと。

「破綻する」「破綻をきたす」という形で使います。正常な状態ではなくなるという意味です。「経営破綻」とは、会社の経営が立ち行かなくなること。「財政が破綻する地方都市が増えている」「結婚生活が破綻する」

改竄（かいざん）

意味　**文章の字や語句を書き換えること。**

「竄」は、改め変えるという意味。正しいものに書き換えるというよりも、「データ改竄」「資料改竄」のように、不正の目的で故意に書き換えるという意味で使われます。「公文書を改竄する」「請求書の日付を改竄する」

忸怩（じくじ）

意味　**自分の行いを恥じ入る様子。**

「忸怩たる」という形で使います。自分に対してもどかしいという意味なので、腹立たしいというニュアンスで「最近の政治家には忸怩たる思いだ」と使うのは誤用です。「このような結果になってしまったことは、忸怩たる思いです」

御用達（ごようたし）

意味　宮中・官庁などへ品物を納めること。

「ごようたつ」と読むこともあります。宮中や官庁に品物を納める人、という意味もあり、その意味では「御用商人」も同じです。「こちらは、宮内庁御用達のお菓子です」「芸能人御用達の店は、いつも混んでいる」

不世出（ふせいしゅつ）

意味　めったに世に現れないほどすぐれていること。

比類ない、誰とも比べられない、という意味です。実力、実績、評判など、すべてを兼ね備えた人にしか使えない言葉なので、「素晴らしい」程度の意味で使うと恥ずかしいものです。「不世出の英雄」「彼は、不世出の天才だ」

困憊（こんぱい）

意味 **疲れ果てること。**

「憊」は疲れる、弱るという意味。「疲労困憊」という形で使うことが多い言葉です。「困憊」は、心も体もくたくたに疲れることで、疲れすぎることは「過労」と言います。「今週はあまりに忙しくて疲労困憊だよ」

馘首（かくしゅ）

意味 **解雇すること。**

雇い主が被雇用者を一方的に辞めさせるという意味。もともとは「首を切り取る」という意味で、それが「解雇すること」、いわゆる「首切り」の意味で使われるようになりました。「社長は不況を理由に従業員を馘首した」

2章

一般語彙

敬語

さりげなく使いこなしたい、
大人の敬語

何とぞ（なにとぞ）

意味

相手に強く願う気持ち、手段を尽くそうとする意志を表す。どうか、ぜひとも。

「ここは、何とぞ」と言うだけで、理解のある間柄であれば、詳しく説明しなくても何を頼まれているかが分かる、便利な言葉です。「何とぞご内密に」とか「何とぞお取り計らいを」と言えば、水面下で事を進めなければならないというニュアンスが伝わります。日本語には、こうした「行間を埋める言葉」「空気（相手の気持ち）を読む言葉」があります。言葉の成り立ちとしては、「何」に「と」「ぞ」がついたもの。メールでも会話でも使いやすく、汎用性は高いです。「其段《その》も何とぞかまひこれあらば、理に及ぶべし」（『信長公記』）という用例があります。

一般語彙

敬語

ご鞭撻（ごべんたつ）

意味

努力をおこたらないよう強く励ますこと。いましめること。

これは、いかにも社会人用語という感じがします。文字としては、鞭で打ってこらしめること。相手に、強く自分を指導してほしい、叱咤激励してほしいというときに使います。この言葉を使うと、「私は謙虚に学ぶ気持ちがあります」という殊勝な心構えが伝わります。鞭で打つというと何とも厳しい感じがしますが、そのくらいの覚悟があるということなんですね。昔の言葉には、オーバーなくらい厳しいものがありますが、それは強い気持ちの表れなのです。「人民は国の智徳の為に鞭撻せられて」（『文明論之概略』福沢諭吉）という用例があります。

賢察（けんさつ）

意味

相手を敬って、その人が推察することをいう言葉。お察し。

これは、相手に「推し量ってほしいとき」に使う言葉。目上の人に、何かお願いをしたり、判断を任せたりするときに、「どうかご賢察いただきたい」と使います。こちらの出した条件や情報をよくよく考えて総合的に判断してほしい、というニュアンスになります。場合によっては、「賢いあなたですから、こちらの意図はわかるでしょう？　どうかよい判断をお願いしますよ」とプレッシャーをかけるような、押しつけがましい言い方になることもあるので要注意。「恐れながら御賢察下されよと涙と倶《とも》に奏すれば」（浄瑠璃『源平布引滝』）という用例があります。

寛恕（かんじょ）

意味
心が広く、思いやりのあること。過ちなどをとがめずに許すこと。

「寛」は寛容や寛大の「寛」、「恕」はこの一字で思いやりという意味があります。「怒」の字と間違いやすいですが、意味がまったく違うので注意しましょう。『論語』では、この「恕《じょ》」という言葉がキーワードになります。孔子の弟子の一人、子貢《しこう》が「先生は、生涯これをやり抜くという大事なことは何ですか」と聞くと、孔子は「それ、恕か」と答えました。つまり、思いやりが大事である、と。この言葉の後に、有名な「己の欲せざるところ人に施すなかれ」と続きます。「偏《ひとえ》に読者の寛恕を乞《こ》ふ次第である」（『ふゆくさ』土屋文明）という用例があります。

お言葉に甘えて（おことばにあまえて）

意味

相手の申し出をありがたく受け入れる表現。親切に対するお礼の言葉。

「甘える」というのは、欧米では「依存している」と同義でありいい意味では使われません。ですが、日本では上手に甘えられる人は人間関係がうまくいくことがあります。訪問先で「よかったらどうぞ」とお茶とお菓子を出されたとき、「いえ結構です」と言わずに「では、お言葉に甘えて」といただき、「いやあおいしいですね、どこのお店ですか?」と雑談力を発揮できる方が社会人としてはいい。相手との距離を上手に近付けることができる「甘え」はプラスに作用します。「お詞《ことば》にあまへゆるりと雨をやめませう」（『浮世草子』）という用例があります。

一般語彙

敬語

幸甚（こうじん）

意味

この上ない幸せ。大変ありがたいこと。

会話の中で使うと、相手が「幸甚」という文字をすぐに浮かべることができない可能性があるので、どちらかというとメールや手紙などの書き言葉に適しています。目上の人に感謝の言葉を伝えるとき、「本当にありがとうございます」よりも「幸甚の至りです」「幸甚に存じます」とする方が、表現としては締まります。この言葉自体は敬語ではないのですが、日常語とは違う言葉ですし、明らかに相手を仰ぎ見るニュアンスが伝わるので、敬語的な機能を持つといえます。「敬《つつし》みて徳音を奉はりぬ。幸甚といへり」（『万葉集』）という用例があります。

お気持ちだけいただきます

（おきもちだけいただきます）

意味

相手の配慮をやんわりと断る言葉。

この言葉には、「相手に悪いので、遠慮したい」という気持ちと「ありがた迷惑」という気持ちがあります。後者については、例えば人から物をもらったとき、本当にうれしいなら「お気持ちだけ」とは言いません。ですので、物をあげて「お気持ちだけ」と言われたときは、相手との関係性には〝芽〟がないと思った方がいいでしょう。反対に、相手が「お気持ちだけ」と言うだろうと思っていたのに、素直に受け取る場合もあります。正しく日本語を使う上では、相手の真意を見極める能力が必要だということですね。

一般語彙

敬語

ご芳情（ごほうじょう）

意味

相手の思いやりの心を敬っていう言葉。

「ご芳情に感謝いたします」という形で使います。これは、言ってみれば「思いやりありがとうございます」という意味で、このままでも日本語として間違っているわけではないのですが、社会人の使う言葉としてしっくりこない。「ご芳情」という言葉にすると、感謝とともに相手に対する敬意も同時に伝わるので、この表現を覚えておきましょう。メールでのやりとりが増えている今、手紙に書く言葉としてよく使われる表現を身につけておくと信頼性が増します。「さて又扶持《ふち》芳情を得たらん者は」（『清原宣賢式目抄』）という用例があります。

かしこまりました

意味

目上の人の前で、敬う態度をとること。命令・依頼などを承ること。

その昔、身分の高い人の前で正座してひれ伏すときに使った言葉なので、かなり丁寧な言葉です。ビジネスの場で、上司に対して「了解しました」と言うことがあるかと思いますが、あまりいい使い方ではないですね。「了解」には、「理解する」という意味と「承認する」という意味が含まれているので、目上の人に使うのには適さないのです。「かしこまりました」と答えると、人間関係が安定します。「やいわれは明日江戸の店へやるぞ、ゐてこひといはれた。かしこまりましたとて、なにの事もきかず」(『百登瓢箪』)という用例があります。

一般語彙

敬語

笑納（しょうのう）

意味

つまらないものですが笑って納めて下さいという気持ちで使う言葉。

贈り物をするときに、謙遜を込めて使います。「笑」が謙譲の意を表す言葉として、他に「笑覧」「笑味」があります。歴史的に見ても、日本語には、「笑」のように自分を下げて相手を上げる言葉がかなり多くあります。日本語は、常に相手との関係性の中で使われる言葉であり、関係性を明らかにしながら使う言葉。そのあたりは、敬語のルールがざっくりしている英語とは大きく異なる点です。

「春よりのちにたつる門松、春もとかくいそがハしく候間、ふかくも考得ず候。御笑納 奉 希 候《こいねがいたてまつり》」（『小津桂窓宛馬琴書簡』）という用例があります。

ご愁傷さま（ごしゅうしょうさま）

意味

葬式のときに挨拶として使う、身内を失った人に対するお悔やみの言葉。

葬式での挨拶語なので、たとえば事故で入院している人に「このたびはご愁傷さまでした」と言うのはNGです。仲間内では、からかいながら慰めるような時になら使えます。「告白したけどフラれちゃったよ」「それはそれはご愁傷さま」というふうに、明るく皮肉を言うようなニュアンスで使うと、おもしろい言葉になります。落語『ちきり伊勢屋』に、「死ぬ処で笑ふてへのは誠に薄情の様ですが、矢っ張《ぱり》此奴《こいつ》ア逆さ屏風に枕団子一本花に線香と云ふので、誠に御愁傷様で御坐いますてへ様な口調も出ますが」という用例があります。

一般語彙

敬語

お聞き及び（おききおよび）

意味

人づてに聞いて、すでに知っていることを敬っていう言葉。

「お聞き及びのことと存じますが」というフレーズとして覚えておきましょう。上司への報告が少し遅れたときに、上司がすでに知っていることを前提にしてこのフレーズを使うことで既成事実化するという方法があります。また、話を早く進めるために、諸々を省略して話すときの枕詞としても使えます。使い方によっては、「当然、知っていますよね」と共通認識であると押し付けることにもなるので、気をつけましょう。「むかしかしこき天《てん》ぢくのひじり此の国にもてわたりて侍りける、にしの山寺にありと聞及《ききおよび》て」（『竹取物語』）という用例があります。

形ばかりでありますが（かたちばかりでありますが）

意味

内容は別にして、体裁《ていさい》だけは整っていること。

実質は伴っていないけれどとりあえず、という意味。たとえば、菓子折りを持って謝罪に行くときに、「本当に形ばかりのものですが……」と使います。菓子折りの効果というのは馬鹿にできなくて、どんなに怒っていても、物をもらってしまうと怒り続けることができなくなるんですね。菓子折りを使いこなせると、立派な社会人と言えます。ちなみに、謝罪のときは重さのあるもの、羊羹などが適しています。クッキーのような軽いものだと、謝罪の気持ちも軽いと思われます。「形ばかりの年越をする為に」（『田舎教師』田山花袋）という用例があります。

一般語彙

敬語

拝見（はいけん）

意味

見ることをへりくだっていう言葉。

「拝見」は、何かと使い回しがきく便利な言葉なので、日常用語として使えるようにしておくといいでしょう。「拝見させていただく」とすると二重敬語になってくどい感じになるので、「拝見いたします」くらいがいいと思います。「お手並み拝見」というときは、敬語を反転させて「じゃあ、見せていただこうじゃないの」というニュアンスになります。相手を持ち上げているようでも皮肉っぽい言葉づかい、これも日本語の敬語のおもしろいところです。「チトお衣装《めしもの》を拝見いたしたいネ」（『浮世風呂』）という用例があります。

ご高説（ごこうせつ）

意味
相手のすぐれた意見。

「高」には立派な、すぐれたという意味があります。「高見」も同じ意味です。「ご高説を賜る」という形で使います。ビジネスでは、目上の人からアドバイスを受けることが多々あります。場合によっては、あまり参考にもならず、長々と話が続くこともある。そんなときは、言葉の切れ目を見計らって「ご高説賜りまして、誠にありがとうございました」と言うといいでしょう。あくまでも「ございました」と過去形で。「現代青年の煩悶《はんもん》に対する解決と云う題で諸先生方の御高説を発表する計画がありまして」（『野分』夏目漱石）という用例があります。

一般語彙
敬語

ご足労（ごそくろう）

意味　足を使って移動する労力、疲れ。相手が「来る」ことを敬っていう言葉。

主に、相手に来てほしいとき、また来てくれたことに感謝するときに使います。「このたびは、ご足労をおかけいたしますが、どうぞよろしくお願いいたします」「申し訳ありませんが、ご足労を願えますでしょうか」「ご足労いただき、恐縮です」

お見知りおき（おみしりおき）

意味　相手が自分を知ることを、その相手を敬っていう言葉。

主に、初対面の挨拶で、自分のことを覚えておいてほしいときに使います。私のことを、記憶の片隅にとどめておいてくださいね、というニュアンス。「以後、お見知りおきくださいませ」「どうぞ、お見知りおきを」「お見知りおき願います」

恐れ入ります（おそれいります）

意味

感謝の意を表したり、「申し訳ない」という気持ちを伝える言葉。

「ありがとうございます」をさらに丁寧に言うとき、また、「恐れ入りますが」という形で、「大変申し訳ないのですが」と物を頼むときに使います。「結構な品を、恐れ入ります」「恐れ入りますが、お名前をうかがってもよろしいでしょうか」

ご査収（ごさしゅう）

意味

よく調べた上で受け取ること。

相手に書類や何かを送り、それを確認してから受け取ってもらいたいときに使います。ただ受け取るだけではなく、確認が必要です。「請求書をお送りしましたので、どうぞご査収くださいませ」「ご査収の程、よろしくお願い致します」

ご用命（ごようめい）

意味　用事を言いつけること。注文すること。

用命するという相手の動作に対して「ご」という接頭語がついているので、「ご用命」は人からの用事や注文を自分が受ける場合、また受けたい場合に使います。「こちらがご用命の品です」「何なりとご用命ください」

高覧（こうらん）

意味　目上の人が見ることを表す言葉。

接頭語の「ご」をつけて「ご高覧」とも言います。「高」には尊敬の意味が含まれており、「ご覧ください」よりも「ご高覧ください」の方が敬意が高くなります。「ぜひ、ご高覧くださいませ」「ご高覧くだされば幸いです」

ご多用中（ごたようちゅう）

意味
用事が多くて忙しいこと、多忙な様子。

「多用」には「多く使う」という意味もありますが、「ご多用」と敬語表現で使う場合は用事が多いというニュアンスの「多忙」の意味です。「ご多用中申し訳ございません、少しお時間をいただけないでしょうか」「ご多用中、失礼いたします」

失礼ですが（しつれいですが）

意味
謙遜・恐縮しながら意見を述べる様子。

予め、相手に「すみません」という意思を示すことで、自分の言いたいことを伝えやすくなります。それほど敬意の強い言葉ではなく、英語の「Excuse me」くらいの感覚で使います。「失礼ですが、弊社にお越しくださった方ですか？」

一般語彙
敬語

お運びください

（おはこびください）

意味　来訪をうながす時に使う言葉。

「足を運ぶ」の敬意表現で、「いらしてください」「お越しください」と同じ意味。相手に来てくださいと頼む場面は多くあるので、バリエーションの一つとして持っておくといいでしょう。「お忙しいことと思いますが、ぜひお運びください」

お待ち申しております

（おまちもうしております）

意味　相手に「待っています」と伝える表現。

「お越しください」「お運びください」よりも、相手に「来てほしい」という気持ちを強く伝える言葉。言い方によっては、相手にとって少しプレッシャーになる可能性もあります。「明日13時、弊社の受付でお待ち申しております」

ご参加賜る（ごさんかたまわる）

意味　相手に、参加を要請する言葉。

ここでの「賜る」は、「～してくださる」「～していただく」という謙譲語で、「ご参加ください」よりも敬意表現としては高くなります。

「ぜひとも、御社のご参加を賜りたく存じます」「次回もご参加賜りますよう、お願いします」

ご来臨（ごらいりん）

意味　任意の場所に相手が来ること。

「来る」も「臨む」も、その場所に在るという意味があります。「来てほしい」という意味を伝えるときに使う言葉です。「当社のセミナーにご来臨くださいますよう、ご案内を申し上げます」「ご来臨くださり、ありがとうございます」

一般語彙
敬語

ご臨席（ごりんせき）

意味　その席に臨むこと。会合や式に出席すること。

「臨席する」だけで敬意表現ですが、接頭語の「ご」をつけるとより丁寧になります。書くときは「隣席」と間違えないように注意しましょう。「ご臨席くださいますよう、お願い申し上げます」「ご臨席を賜り、誠に光栄に存じます」

ご一報（ごいっぽう）

意味　ちょっと知らせること。その知らせ。

相手から連絡がほしいときに「お知らせください」という意味で使います。わざわざ連絡するというほどの改まったものではなく、簡単に知らせてほしいときに使います。「到着次第、ご一報ください」「出欠についてご一報ください」

ご厚意（ごこうい）

意味　思いやりや気遣いのこと。

相手に対する思いやりの気持ちを表す言葉なので、同音異義語の「好意（相手を好きな気持ち）」や「行為（行うこと）」と混同しないようにしましょう。「このたびのご厚意に、感謝致します」「ご厚意に甘えてお邪魔します」

お相伴（おしょうばん）

意味　連れ立って行くこと。饗宴の席でもてなしを受けること。

上司がおもてなしの席に呼ばれ、そこに同行してもてなされる場合などに使う言葉。メインの客である上司に伴うこと、そのおかげで恩恵を受けること、という意味です。「本日は、お相伴にあずかりまして恐縮でございます」

一般語彙
敬語

お目にかかる（おめにかかる）

意味　目上の人に会うときに使う言葉。

「会う」の謙譲語には「お会いする」がありますが、それよりも敬意表現が高い言葉です。最も敬意の高い言葉に「拝謁する」がありますが、一般にはあまり使いません。「お目にかかれて光栄です」「お目にかかれる日を楽しみにしています」

ご都合よろしい（ごつごうよろしい）

意味　暇なとき、時間があるとき。

ビジネスでは、相手に対して「暇ですか」「暇があれば」と言うべきではありません。基本的に、どんな人でも「暇がない」「忙しい」ことを前提に会話をします。「ご都合よろしいときに、ご相談させていただきたいのですが」

恐悦至極（きょうえつしごく）

意味　この上なくうれしいことを表す、畏まった表現。

「恐悦」はつつしんで喜ぶ、という意味。「至極」はこの上ないこと。敬意をこめて感謝の気持ちを述べる時に使います。ただ、最上級の表現なので、乱用は控えましょう。「このようなお取り計らいをいただき、恐悦至極です」

お心遣い（おこころづかい）

意味　気を遣う、気を配ること。

相手の配慮に対してお礼を伝えるときに使う言葉。「使う」ではなく「遣う」です。「お気遣い」「お心配り」も同じ意味です。「お心遣いに感謝いたします」「このたびの細やかなお心遣いがとてもうれしく、ありがとうございました」

好きなにおい
ボクの好きなにおい
クンクン いいにおい
あたたかい風のにおい
クンクン いいにおい
お花のにおい
そして…
いいベンチ見つけた ここにしよう
本のにおい…♡
クンクン
このにおい好き～
©s.a.tabuchi

様子。

「ご支援」「お力添え」などとも言います。相手に力を貸してほしいときに使います。一緒に行うという意味の「協力」よりも、相手の力に期待するニュアンスが伝わります。
「ぜひご助力を賜りたく、お願い申し上げます」

普通ではなく非常に、とても、といった意味で、下に名詞をともなう連体詞として使います。「平素はひとかたならぬ御愛顧を賜り、……」のように挨拶文でも使います。「社長には、ひとかたならぬお世話になりました」

ご愛顧（ごあいこ）

意味　ひいきにすること。引き立てること。

接頭語の「ご」がつくので、ひいきにする側ではなく、ひいきにされる側が使います。多く、「ご愛顧を賜る」と使います。「ご愛顧を承る」は間違いなので要注意。「長年のご愛顧を賜り、誠にありがとうございます」

お察し（おさっし）

意味　おしはかること、察すること。

「察しがつく」は、はっきりとは言えない事情について推察して理解することという意味。ビジネスにおいて「察しがいい」人は、どんな場面でも重宝されます。「この件につきましては、どうかお察しください」「お察しの通りです」

ご高承（ごこうしょう）

意味　相手の承知・承認を敬う言葉。

「ご」と「高」、両方とも敬意を表す表現です。「(相手に)わかってほしい」「理解してほしい」ときに使う言葉。口頭ではあまり使うことはなく、主に手紙やメールなどの書き言葉で使います。「何卒ご高承賜りたく存じます」

ご厚誼（ごこうぎ）

意味　深い親しみの気持ち。

相手がよくしてくれていることについて、感謝するときに使う言葉です。「誼」には、道義や親しい交際という意味があります。似た意味の言葉に、「ご厚情」があります。「このたびは、ひとかたならぬご厚誼を賜り、御礼申し上げます」

お気遣い（おきづかい）

意味 気をつかうこと、心遣い。

相手の配慮について使う言葉。敬意表現としてそれほど強くはないため、広い場面で使える言葉です。心配してもらったときや、お土産をもらったときなどにも使います。「お気遣い、ありがとうございます」「どうかお気遣いなく」

ご高配（ごこうはい）

意味 相手の配慮を敬う言葉。

「ご」と「高」の両方に敬意が含まれており、高い敬意表現になります。「配」は配慮の意味。「平素は格別のご高配を賜り、厚く御礼申し上げます」は、ビジネスメールの典型的な書き出しとして覚えておくといいでしょう。

一般語彙
敬語

謹んで（つつしんで）

意味　うやうやしく物事をする様子。

相手の状況などを十分に理解したうえで尊重し、かしこまって物事をなすという気持ちを表します。辞令がくだったときには「謹んでお受けいたします」と答えます。「謹んで新年のご挨拶を申し上げます」「謹んでお悔やみ申し上げます」

承りました（うけたまわりました）

意味　「聞く」の謙譲語で、承諾したという意味。

「わかりました」と言うときに「了解しました」を使いがちですが、これは目上の人に対しては不適な言葉です。「承りました」と言いましょう。「ご意見、ありがたく承りました」と、〝とりあえず一旦持ち帰る〟というときにも使えます。

ご精励（ごせいれい）

意味　勉学や仕事などに精を出すこと。

一生懸命に努力して励むこと。「精」には純粋なもの、心を打ち込むこと、という意味があります。自分の決意を表明するときに使うと、相手に気持ちが伝わります。四字熟語に「精励恪勤《かっきん》」があります。「まずは与えられた職務に精励します」

ご案じ申し上げます（ごあんじもうしあげます）

意味　心配している気持ちを伝える言葉。

「案ずる」は、あれこれと考えをめぐらす、心配する、という意味。目上の人が体調を崩しているときに、仕事上の連絡をしなくてはならないときに使うといいでしょう。「ご体調を崩されているとうかがいました。心よりご案じ申し上げます」

ご冥福（ごめいふく）

意味　亡くなった後の幸福を祈るときに使う言葉。

「冥福」とは、死後の幸福のこと。「ご冥福をお祈りする」という決まった形で、哀悼の意をあらわすときに使う言葉です。「〇〇様のご冥福を、心よりお祈り申し上げます」「謹んで、故人のご冥福をお祈りいたします」

お悔やみ申し上げます（おくやみもうしあげます）

意味　遺族に哀悼の意を伝える言葉。

亡くなった知らせを受けたとき、通夜・葬儀のときに使います。「悔やむ」とは、悔しく思う、残念に思うという意味。遺族と同じように、悲しくて悔しいという気持ちを伝えます。「このたびのご不幸、お悔やみ申し上げます」

申し遅れましたが（もうしおくれましたが）

意味　「言い遅れる」の謙譲語。

主に、初対面の人に対して名乗り忘れたときに使います。「もっと早く言うべきでしたが」という気持ち。名刺交換をせずに話し出してしまうことがあるので、話の切れ目をうまくとらえて言います。「申し遅れましたが、私、○○と申します」

ご無沙汰（ごぶさた）

意味　久しく連絡や訪問をしないこと。

「無音」とも言います。しばらく交流が途絶えていた人に、久しぶりに連絡をするときの枕詞として使います。「無沙汰」についてまずお詫びをしてから本題に入りましょう。「長らくご無沙汰をいたしまして、大変失礼いたしました」

お先に失礼します（おさきにしつれいします）

意味　人よりも先にその場から離れるときに使う言葉。

「失礼する」というのは、退席するときにも使います。会社で、自分が帰るときにまだ仕事をしている人がいたら、一言「お先に失礼します」と声をかけてから帰りましょう。黙って帰ると、互いに居心地が悪いものです。

ご芳名（ごほうめい）

意味　他人を敬って、その姓名をいう言葉。

「ご」も「芳」も敬意表現です。結婚式や式典などの招待状には「ご芳名」「ご住所」と書かれた欄がありますが、自分で書いて返送するときは「ご芳」「ご」を消すのがマナーです。「ご芳名はうかがっております」「ご芳名をお書きください」

ご尊名（ごそんめい）

意味　他人を敬って、その姓名をいう言葉。

意味としては、「尊い名誉、立派な評判」もあります。「ご芳名」は主に相手に名前を書いてもらうときに使い、「ご尊名」は主に相手の名前をこちらが言うときに使います。

「ご尊名は、かねがねうかがっております」

拝読する（はいどくする）

意味　「読む」の謙譲語。

「読ませていただく」と同じ意味ですが、「〜させていただく」という謙譲語を多用するとまどろっこしいので、「拝読」と一語にした方が言葉としては締まります。「いただいたメールを拝読いたしました」「後ほどゆっくり拝読します」

拝聴する（はいちょうする）

意味

「聴く」の謙譲語。

謹んで聴く、という意味。「聴かせていただく」よりも締まりのいい言葉です。「拝」には、頭を下げて敬礼するという意味があります。「本日は、ご高説を拝聴いたしました」「素晴らしいスピーチを拝聴し、勉強になりました」

ご清聴（ごせいちょう）

意味

聴く動作を敬う表現。

相手が自分の発表や講演を聴いてくれたことについて使います。同音異義語で、単に静かに聴くことは「静聴」。「清」には、澄みきってすがすがしいこと、けがれのないことという意味があります。「ご清聴に感謝します」

お邪魔しました（おじゃましました）

意味　退出する時や去り際に用いる挨拶。

取引先を出るときに使うと社会人っぽい感じが出ないので、せいぜい人の家から帰るときくらいにしましょう。小学生でも普通に使える言葉なので、オフィシャルな場で使うのは避けるように心がけたいものです。

ご自愛（ごじあい）

意味　自分自身をいたわること。

「自愛」は自分を大切にいたわること、「自己愛」は自分への過度な愛情のことなので、違いに注意しましょう。手紙の最後に、相手に心配りをする意味で使うことが多い言葉です。「季節の変わり目ですので、どうかご自愛くださいませ」

3章

一般語彙

言い訳

気持ちよく聞き入れてもらえる、大人の言い訳・謝罪・お願い

教示（きょうじ）

意味

教え示すこと。

似たニュアンスの言葉に「教授」（学問などを継続的に教え授けること）がありますが、「教示」は、長々と教えるのではなく示すという感じで、比較的コンパクトです。自分の不備を指摘してほしい、というときに「ご教示願えれば幸いです」と言いましょう。作家の吉川英治が「我以外皆我師」（自分以外は皆自分の師である）という言葉をのこしていますが、すべての人に教示賜るという気持ちが大切です。いいアドバイスをもらうためには「質問力」も必要ですね。「尊《そん》兄《けい》御教示のごとくに仕候て」（『白石先生手簡』）という用例があります。

一般語彙

言い訳

行き違いかもしれませんが

（いきちがいかもしれませんが）

意味

情報が正しく伝わらず、誤解がおこっているかもしれない、という意味。

相手から書類などが送られてくるはずなのに、それが届いていないとき。おそらくは相手が忘れていることに対して、責任の所在を曖昧にしながら催促するのに有効な言い回しです。「送っていないですよね」と言ってしまったら、万が一自分の見落としだったときにとても気まずくなります。相手のミスだと確信していても、それを曖昧にする言い方をしておく方が関係性を維持できます。「行き違い」には、「まだお迎ひの出ないうちにお宅に着いちまいますから、行き違ひになるやうなこともありますまいし」（『大道無門』里見弴）という用例があります。

一般語彙

言い訳

つかぬこと

意味

それまでの話とは関係のないこと。だしぬけのこと。

「前の話についていないこと」という意味で、前の話と関係のないことを言いだすときに使います。探偵のドラマなどで、何気ない話をしながらふいに「で、つかぬことをおうかがいしますが……」と言って、事件の本題に入ったりしますね。ちなみに、「閑話休題」を、本筋から逸れたムダ話をするという意味で使う人が多いようですが、これはまったく逆。「それはさておき」と、ムダ話から本題に戻るときに使う言葉です。「付かぬ事ぢゃが、その綱五郎様といふは、久しい跡に奥勤めの女中さんとやらに言ひ号《なづ》け」（『心謎解色糸《こころのなぞとけたいろいと》』）という用例があります。

一般語彙

言い訳

30秒だけお時間をください

（さんじゅうびょうだけおじかんをください）

意味

上司に相談・報告があるとき、面倒なことと警戒心を持たれないように言う言葉。

「30秒」には、短い時間で済みますから、というニュアンスが込められています。以前は「1分だけ」という言い方をしたかもしれませんが、時代が進むにつれて、時間感覚がどんどん短くなっているように感じます。実際、1分人の話を聞くのは、意外に長く感じるものです。上司への質問は10秒、上司からの回答が20秒とすれば、十分にコミュニケーションは成立します。そのときのコツは、聞くときに選択肢を用意しておくこと。「〇〇の件についてですが、△△なA案と、□□なB案、どちらがいいでしょうか？」とすれば、30秒で十分です。

結構なお話（けっこうなおはなし）

意味 すぐれている話、いい話。

相手の提案に対して、ありがたいという気持ちを伝えるときに使います。本来のいい意味で使う場合もありますが、相手の申し出を拒絶する場合にも、「たいへん結構なお話ではありますが、私どもにはもったいないことで……」と使います。現代的な言い回しであれば、「大丈夫です」と拒絶するニュアンスに近いですね。「結構」も「大丈夫」も元はポジティブな言葉なので、拒絶の意を和らげる効果があるのでしょう。「非常に結構なお話だと私は思っているのですがね」（『源氏物語』与謝野晶子訳・玉鬘）という用例があります。

一般語彙

言い訳

深謝（しんしゃ）

意味
心から感謝すること。心からわびること。

これは、書き言葉でも話し言葉でも、どちらにも使えます。「深謝」は、感謝よりも謝るときに使うことが多いでしょう。ミスはなくすように努力することが大事ですが、社会人としては不可抗力でも謝らなくてはならないことが往々にしてあります。語彙が少ないと「すみません」「申し訳ありません」ばかりになってしまい、「またそれか」と言われてしまうので、謝りの語彙は多く持っておきましょう。「国王直に引見して、其速《すみやか》に来衛するの厚誼を深謝するの勅語あり」（『伊藤特派全権大使復命書・附属書類』）という用例があります。

抽象的すぎる（ちゅうしょうてきすぎる）

意味

抽象的とは、頭の中だけで考えていて、具体性に欠けること。

「抽象的すぎる」というのは、話の内容が具体性に欠けていてわかりづらい、という意味なんですね。そうなると、抽象化という言葉自体が良くない意味のように思われますが、本来はバラバラな物事の共通点を見つけてそれを抜き出す（＝抽出する）という意味。抽象的思考ができるということは本質的な思考ができるということです。抽象的思考と具体化して表現することの往復ができる人は、本当に頭のいい人なのです。「抽象的」には、「もしその意味が単に抽象的共通ということであれば」（『善の研究』西田幾多郎）という用例があります。

一般語彙

言い訳

賢明なご判断

（けんめいなごはんだん）

意味

すぐれた判断、正しい判断。

「ご賢察」と似た使われ方をする言葉です。「賢いあなたなら、しっかりこちらの意図を汲んで、いい答えを返してくれますよね。期待していますよ」というニュアンスがあるので、使いすぎると危険な言葉です。話し言葉で使うときには、裏にある押しつけがましいニュアンスが声や表情に表れないように注意して言いましょう。「賢明な」には、「殊にゾイリア国民が、早速これを税関に据えつけたと云う事は、最も賢明な処置だと思いますよ」（『MENSURA ZOILI』芥川龍之介）という用例があります。

一般語彙

言い訳

いたしかねます

意味

できない、することに堪えられないという意味。

「兼ねる」は、動詞につくことで「~できない」という不可能の意味を表します。「~できません」と否定語で言うと100%NOという印象ですが、「いたしかねます」は言葉としては肯定表現なので、否定の意がソフトに伝わるというメリットがあります。「賛同しかねる」「承認しかねる」「返事を出しかねる」など、汎用性が高く便利な言葉なので、使い慣れておくといいでしょう。「霊感の気合の方は下世話の噂にないことで、わたくし共《ども》俗人とんと推量致しかねますが」(『盗まれた手紙の話』坂口安吾)という用例があります。

一般語彙

言い訳

見送らせてください（みおくらせてください）

意味　物事を行うことを取りやめること。

あるプロジェクトをやめるときなどに、「この件は、見送ることにしました」「とりあえず、見送らせていただきます」と使います。「見送る」には、過ぎ去る者をその場で眺めるという意味がありますが、ビジネスでは往々にして、取りやめることをオブラートにくるむように言うときに使われます。極めて日本的な表現なので、外国人はなかなか理解できない言葉でしょう。「今回は見送る」と言われて、「じゃあ、いつならできるんですか」と聞くのは野暮です。「今回は」と言いつつも、「絶対にやらない」ことが多いのですから。

心ならずも（こころならずも）

意味

自分の本意ではないが、やむをえず。

「心ならずも計画を白紙に戻す」という言い方がありますが、「いろいろな事情があり、さまざまに考え尽くしてはみたのですが、致し方なくこのような結論になってしまった」という、ここまでの紆余曲折を相手にわかってもらいたいときに使います。その裏には、「決して私の意図するところではありません、むしろ私はうまくいくことを願っていたのです」という気持ちがあり、「仕方のない事情」を説明するときにはうってつけの言葉です。「心ならずも小半年ばかり燻《くすぶ》ってゐる」（『浮雲』二葉亭四迷）という用例があります。

一般語彙

言い訳

後学のために（こうがくのために）

意味　将来、自分のためになる知識や学問。

もともと学問というのは、後から来た者が先に生まれた者（＝先生）に習うもの。「後学」とは、この先、将来のために学ぶもののことです。目上の人に「後学のために教えていただきたい」という姿勢を見せると、とてもウケがいい。中高年の上司の中には、若い人は意欲に欠けていると不満を持っている人がいて、「もうちょっと食いつく姿勢を見せてほしい」と思っているわけです。適度にやる気を見せるときに、使いやすい言葉です。「憚《はばか》りながら後学のために一つ二つ伺ひたいネ」（『不安』幸田露伴）という用例があります。

憚りながら（はばかりながら）

意味 **恐れながら。おおげさかもしれないが。**

「ちょっとすみません」というときにも使いますし、自分を誇示していくときにも使います。また、「憚りながら、私はこの仕事を30年やらせていただいておりまして……」というふうに、遠慮しているようでも強く出る感じも表現できるので、怒りを感じる相手に抗議するときにも使えます。ちなみに、「憚り」と言えばトイレのこと。中座するときなど、「失礼、ちょっと憚りに」と使います。「憚りながら男だ。受け合った事を裏へ廻って反古《ほご》にする様なさもしい了見は持ってるもんか」（『坊っちゃん』夏目漱石）という用例があります。

取り成す（とりなす）

意味　うまく取り扱うこと。うまく処置すること。

物事を丸く収めるときに使う言葉で、「取り繕う」とも近い意味です。対立する者同士の仲裁に入ったり、機嫌を悪くした相手をなだめるときにも使います。「君がいろいろと取り成してくれたおかげで、おおごとにならずに済んだよ」

容赦（ようしゃ）

意味　過失や失敗などについて許すこと。

許すことの他に、「容赦なく取り立てる」のように、手加減することや控えめにすることにも使います。相手からキツイ要求があり、無理だと言えないとき、「どうかご容赦ください」「なにとぞご容赦いただきたく存じます」と使います。

お汲み取り（おくみとり）

意味　自分の行動や考えを相手に理解してもらうという意味。

「汲み取る」には、水などを汲みあげて容器に入れるという意味の他に、表に現れないものを推察する、思いやるという意味もあります。ビジネスでは主に後者の意味で使います。「こちらの事情もお汲み取りくださされば幸いです」

お知恵（おちえ）

意味　物事の筋道がわかり、うまく処理できる能力。

相手から解決策やそのヒントがほしいときに、「よろしければ、お知恵を拝借したく存じます」と使います。スキルやノウハウなどの実務的な「知識」も大事ですが、人間関係上の処し方などの「知恵」も社会人としては必須です。

一般語彙
言い訳

くれぐれも

意味　何度も心をこめて依頼したり忠告したりする様子。

「くれぐれも～」ということで、誠心誠意はたらきかける気持ちが伝わります。「くれぐれも残念だ」と、過去のことを思い返すという意味では、「かえすがえすも」と同じです。「くれぐれもよろしくお願いいたします」

他ならぬ（ほかならぬ）

意味　「他ならない」に同じ。他のものではない。

「～以外の何ものでもない」という点で特別な間柄という意味にも使います。「大切なあなただから……」と強調するときに有効な言葉ですが、恩着せがましくならないように注意しましょう。「他ならぬあなたのためです。一肌脱ぎましょう」

ご苦労をお掛けしますが

（ごくろうをおかけしますが）

意味　相手の「苦労」を敬って言う言葉。お骨折り。

相手が心配してくれているときにも使います。相手が大変な思いをすることがわかっていながら何かを頼むとき、この言葉を添えると、より恐縮する気持ちが伝わります。「ご苦労をお掛けしますが、どうかよろしくお願いします」

申し上げるまでもないとは思いますが

（もうしあげるまでもないとはおもいますが）

意味　言う必要がないほどはっきりと分かっている様子。

双方にとって当たり前のことを、相手に念を押すとき、あるいは「当然わかっていますよね」とプレッシャーをかけるときに使います。多用は避けましょう。「申し上げるまでもないとは思いますが、この件はどうかご内密にお願いします」

お力添え（おちからぞえ）

意味

助力。援助。

どんな仕事も一人で成し遂げることはできません。どんな小さなことでも「皆さんのおかげ」という気持ちを持つことが大事。「お力添え」には、常に感謝しましょう。「このたびのお力添えがあってこその結果です」

ご了承ください（ごりょうしょうください）

意味

相手に了解を得るための、丁寧な言い回し。

ビジネスでは、上手にイニシアチブを取ることが大切です。相手の事情もわかった上で、それでもこちらの都合に合わせてほしいと、謙虚に伝えるときに使います。「明日の会議は、15時までということでご了承ください」

お口添え（おくちぞえ）

意味　依頼や交渉ごとについて、言葉を添えてとりなすこと。

ビジネスにおける人間関係では、場合によっては「何を言ったか」よりも「誰が言ったか」が重要視されることがあります。口添えしてもらう人は、慎重に選びましょう。「就職のお口添えをいただき、ありがとうございました」

できる限り（できるかぎり）

意味　可能な範囲で、という意味。

絶対にクリアできない依頼・指示があったとき。「できません」と言うと、「やってみなければわからない」と言われるので、まずは「できる限りやってみます」と答えましょう。「できる限り」なので、できなくてもそれほど角は立ちません。

一般語彙
言い訳

お誘い合わせ（おさそいあわせ）

意味　さそいあって一緒に行動すること。

多くの人に来てもらいたいとしても、一人一人を誘うのは難しいですよね。そんなときは、代表格の人に声をかけて、「皆さまお誘い合わせのうえ、ぜひご来場ください」と一筆添えます。ちゃんと声をかけてくれそうな人を選ぶのが、肝です。

ご面倒でなければ（ごめんどうでなければ）

意味　わずらわしく、大変でなければ、という意味。

必ずやってほしいと頼むのは気がひけるとき、あるいは、絶対必要ではないけれどやってくれるとありがたいというくらいのときに使います。「ご面倒でなければ、次回いらっしゃるときにお持ちいただけるとありがたいです」

万障お繰り合わせ（ばんしょうおくりあわせ）

意味　催し事に招く際、参加を促すための丁寧な言い回し。

「万障お繰り合わせの上ご出席下さい」「万障お繰り合わせの上ご参加願います」という形で使います。「万障」とは、さまざまな差しさわりのこと。直接的な言いまわしではないものの、何が何でも来てほしいときに使う言葉です。

心より（こころより）

意味　心の底から。心から。

書き言葉でも話し言葉でも使えます。お礼を言うとき、また謝るときの両方で使います。「本当に～」という表現は稚拙なイメージなので、「心より」を使うといいでしょう。「心よりお礼申し上げます」「心よりお詫び申し上げます」

骨折り（ほねおり）

意味　苦労すること、精を出して働くこと。

相手が苦労してくれたときに、「お骨折りに感謝いたします」と使います。「尽力」「努力」「苦労」と似た意味です。ちなみに、労力を費やしても何の効果もなく、ただ疲れだけが残ることを「骨折り損のくたびれ儲け」と言います。

身に余る光栄（みにあまるこうえい）

意味　自分にはもったいないくらい、すばらしい光栄。

目上の人から手放しで称賛されたとき、または昇進の辞令を受けたときなど、お礼とともに「自分にはもったいない」という謙遜の意を伝えるのに使える言葉です。「そのようなお言葉をいただき、身に余る光栄にございます」

お眼鏡にかなう

（おめがねにかなう）

意味　目上の人に評価される。気に入られる。

「気に入って下さり、ありがとうございます」でも日本語として間違いではないですが、直接的すぎて稚拙なイメージです。そんなときに使うと、言葉として締まります。「このたびは部長のお眼鏡にかない、ありがたく存じます」

お礼の言葉もありません

（おれいのことばもありません）

意味　言葉で表現できないほど深く感謝しているという意味。

お礼の気持ちはもちろん言葉にすべきですが、最大級の感謝は、時として言葉にならないこともあります。頻繁に使う表現ではないので、ここぞというときのためにとっておいてください。「なんと申し上げるべきか、お礼の言葉もありません」

一般語彙

言い訳

貴重な時間（きちょうなじかん）

意味

相手の大切な時間。

ビジネスにおいては、往々にして報酬は時間に比例します。相手の時間を無駄遣いすることは、相手が得るべき報酬を奪うことにもなりかねないと肝に銘じましょう。「本日は、貴重なお時間をいただきまして恐縮でございます」

勉強させていただく（べんきょうさせていただく）

意味

謙譲語で使う場合は、商品の値段を安くするという意味で使う。

商人にとって「値引きする」とは、「努力して困難に立ち向かう＝勉強する」ことであるため、こういう表現が使われるようになったと言われています。「できるだけ勉強させていただきますので、どうかご検討くださいませ」

ご厚情（ごこうじょう）

意味　厚い情け。親切な気持ち。

相手の心からの親切に対して感謝の意を述べるときに使います。「ご厚情をお願いします」と頼む形では使わないので要注意。「ご配慮」「お気遣い」よりも深い心遣いのイメージです。「このたびのご厚情に感謝申し上げます」

ご厚志（ごこうし）

意味　相手の親切や思いやり。

「厚情」と同じ意味の言葉です。これも相手の親切を指す言葉で、自分が相手に対してする心遣いについては、わずかばかりの気持ちですがという謙遜の意味を込めて「寸志」と言います。「ご厚志ありがたく存じます」

ご勘案（ごかんあん）

意味　いろいろな事情を考え合わせること。

お役所言葉としても用いられる表現で、「考慮」「判断」などよりもかたい印象を与えます。「勘」には、よく調べることという意味があります。「これらのことをご勘案の上、ご判断いただけますと幸いです」「ご勘案ください」

貴重なご意見（きちょうなごいけん）

意味　ありがたく、ためになる意見や忠告。

本当にありがたい意見に対しても使いますが、そうでない意見について、とりあえず預かるというときにも使います。そのときは、「貴重な」が皮肉に聞こえないように注意しましょう。「貴重なご意見をもとに、改善して参る所存です」

足元にも及ばない
（あしもとにもおよばない）

意味 相手がすぐれていて、比べものにならない。足元にも寄りつけない。

相手のすばらしさを誉めたたえるときに使う表現。上司に対しては、「かないません」と下手に出るばかりではなく、「今は足元にも及びませんが、少しでも近づけるよう精進します」とやる気を見せることが大切です。

世の中広しといえども
（よのなかひろしといえども）

意味 こんなに広い世の中でも、という意味。

「世界広しといえども」とも言います。「世の中広しといえども」のあとに、極めて珍しい内容を述べて、その珍しさを強調する表現です。「世の中広しといえども、日本語ほど敬語が細分化されている言語はありません」

一般語彙
言い訳

捨てがたい（すてがたい）

意味
どちらか一方を選ぶのが難しい様子。

複数の案があり、一つを残してそれ以外をボツにする場合などに使います。自分はとてもいい案だと思うけれど、残念ながらボツにしなくてはならないという気持ちが伝わります。「たいへん捨てがたい案なのですが、今回は残念なことに……」

困惑しております（こんわくしております）

意味
どうしてよいか判断がつかずに迷うこと。

相手がわけのわからないことを言ってきてうまい答えが見つからないとき、また、共通認識であったはずのことを相手がひっくり返してきたときなどに使います。「このようなご意見をいただきまして、正直困惑しております」

納得いたしかねる（なっとくいたしかねる）

意味　展開や結末について理解・同意できないこと。

「納得できない」と同じ意味で、「承服しかねる」とも言います。使い方言い方、伝え方によっては慇懃無礼な感じになるので、注意が必要です。「そのようなご決定には、ちょっと納得いたしかねるところがございます」

早急な対応（そうきゅうなたいおう）

意味　すばやく対応すること。

「早急」は「さっきゅう」とも読みます。「早急」は「急いで」、「早速」は「すぐに」、「迅速」は「非常に早いこと」というニュアンスです。「大変恐縮ですが、早急なご対応をお願いいたします」「早急なご対応に感謝します」

不本意ですが（ふほんいですが）

意味 自分の本当の気持ちとは違うこと。

大勢の人が関わるビジネスにおいては、「本意」であることよりも「不本意」であることの方が多くあるくらい。「不本意ですが」は「心ならずも」と同じ意味で使います。「不本意ではありますが、お取引は今回限りということになりました」

陳謝（ちんしゃ）

意味 事情を述べて謝ること。

陳謝するときには、ただ謝るだけでなく、聞いた人が納得するように事情を説明する必要があります。詳《つまび》らかに説明できない事情があるときには、「深謝」を使う方が無難です。「このたびの不祥事について、陳謝申し上げます」

平に（ひらに）

意味　一心に相手の許しを請う気持ち。

「平」は平らであることで、体をひれ伏すイメージです。相手にへりくだって、とにかく勘弁してほしいというときに使います。「どうか」「なにとぞ」と同じ使い方です。「平に、ご容赦ください」「平にご勘弁くださいい」

申し開き（もうしひらき）

意味　自分の行為について、そうせざるを得なかった理由などを説明すること。

釈明、弁明、弁解などと同じ意味です。責任は自分にあるけれど、やむをえない事情があったためにそうしたんだという、自分の正当性を伝えるための言葉です。「このたびのミスについて、申し開きの場をいただいた」

猛省（もうせい）

意味　きびしく反省すること。

「猛」は、名詞につくと勢いがはげしい様子を表します。はげしい勢いで反省する、というイメージです。「反省します」より「猛省します」の方が、許される確率が高くなるかもしれません。「猛省を促す」「今までの態度を猛省する」

不徳のいたすところ（ふとくのいたすところ）

意味　自分の至らなさゆえの失敗について、反省の意を表明すること。

謝罪するときに使う慣用句です。相手に謝りつつ、こんな自分が情けない、というニュアンスもあります。謝る言葉のバリエーションとしておさえておきましょう。「この件については、私の不徳のいたすところです」

心得違い（こころえちがい）

意味　思い違い。道理に外れた考え。

単なる勘違いだとしても、「勘違いでした」と言うと事を軽んじている印象になることがあります。オフィシャルな言い回しとして、「心得違いでした」を覚えておきましょう。「心得違いを戒めます」「謝れば済むと思ったら、とんだ心得違いだ」

謝意（しゃい）

意味　感謝の心。謝罪の心。

感謝の気持ちを表すときも、謝るときも、「謝意を表する」という使い方をします。どちらの意味で使っているかは、前後の文脈で理解できます。「ご厚意に対し、謝意を表します」「謝意を表して辞任いたします」

一般語彙
言い訳

監督不行き届き（かんとくふゆきとどき）

意味
組織において、指示・監督する役割が十分に行き届かないこと。

部下がミスをおかしたとき、上司が自分の責任として謝る言葉として使います。管理・監督する立場の者として、配慮や注意が足りなかったことを謝る言葉。「このたびのことは、私の監督不行き届きでございます」

お騒がせ（おさわがせ）

意味
人を心配させたり、動揺させたりすること。

騒動を起こして謝罪するときに「お騒がせしました」と使われますが、「騒がせた」とだけ言うと、なんとなく責任や罪の内容を曖昧にしている印象を受けます。謝るときは、きちんと謝罪すべき内容を明らかにしましょう。

お含みおき（おふくみおき）

意味　**事情をよく理解して心にとめておいて欲しいという意味。**

「ご承知おきください」や「ご了承ください」よりも「含み」のあるニュアンス。明確に言葉にはできないけれどわかってくださっていますよね、と念を押すイメージです。「その点をなにとぞお含みおきいただきたく」

僭越ながら（せんえつながら）

意味　**自分の立場を越えて、出過ぎたことをいたしますが、という意味。**

人前で話をしたり、大きな役割を担って何かをするときに、謙遜の気持ちを表す言葉として使います。出過ぎたことを嫌う日本人にとっては、かっこうの枕詞です。「僭越ながら、乾杯の音頭をとらせていただきます」

一般語彙

言い訳

失礼かとは思いましたが（しつれいかとはおもいましたが）

意味　礼儀をわきまえないこととわかってはいますが、という意味。

何か指摘をするときに、「失礼を承知で」という気持ちで使います。オフィシャルな場ではなく、服にゴミがついているなどちょっとした指摘に使うくらいがいいでしょう。「失礼かとは思いましたが、糸がついておりましたので……」

お目が高い（おめがたかい）

意味　よいものを見分ける能力をもっていること。

同じ意味の言葉に「目が利く」があります。審美眼がある、センスがある、本質を見抜く力がある、という意味でもあるので、言われた人は確実に喜ぶ褒め言葉です。「それをお選びになるとは、お目が高い」「部長はお目が高い」

お手数をお掛けします

（おてすうをおかけします）

意味　相手に手間をかけさせること。

相手に何かをしてもらうとき、してほしいと頼むときに、恐縮する気持ちを伝える言葉です。労力、時間などを使わせることで、汎用性の高い言葉です。「お手数をお掛けしますが、よろしくお願いします」「いつもお手数をお掛けしています」

お言葉を返すようですが

（おことばをかえすようですが）

意味　相手の言うことに従わず、口答えをすること。

「返すよう」とぼかしてはいますが、しっかり言い返すときに使う言葉で、日本語の表現としてはかなり強めです。ときには自分の意見をきっぱりと言い切ることも必要です。「お言葉を返すようですが、それでは筋が通らないと思います」

ご叱責（ごしっせき）

意味
他人の失敗などを叱り、とがめること。

「ご」がつくことで、目上の人の行為を指します。「叱咤」は励ますことですが、「叱責」は叱られること。「お叱りを受けた」よりも改まった表現になります。「厳しいご叱責をいただきました」「ご叱責はもっともです」

ご譴責（ごけんせき）

意味
きびしく責めること。

「叱責」とほぼ同じ意味ですが、ニュアンスとしては少し厳しめで、責めてとがめるという感じです。公務員に対する懲戒処分の言葉でもあります。「私の不注意が引き起こしたミスについて、ご譴責いただきました」

4章

カタカナ語彙

頻出語

知らずに使うと恥ずかしい、
大人の頻出カタカナ語

カタカナ語彙

頻出語

ステレオタイプ (stereotype)

意味

もの の見方や態度などが、型にはまっていること。「ステロタイプ」とも。

「ステレオタイプ」は、判で押したような物の言い方、つまり紋切り型であるという意味で、否定的に使われることの多い言葉。「型にはまっている」という表現がありますが、「型」自体は決して悪いことではありません。ですが、工夫がない、オリジナリティーがないのはおもしろくない。文科省が提示する「新しい学力」は、自分の頭で考えることを推奨しています。型を大事にしつつも、自分なりの表現を見つけ出すことが必要です。この言葉は、１９１２年に森鷗外が『かのやうに』の中で「ステレオチイプな笑顔の女芸人が」と使っています。

カタカナ語彙

頻出語

リテラシー (literacy)

意味

読み書きの能力。ある分野についての知識や能力。

江戸時代は世界的に見て識字能力が高く、庶民のリテラシーも高かったと言われています。これは寺子屋制度のなせる業で、その後、明治の初等教育にも引き継がれていきました。今は意味が広がってきて、「情報リテラシー」や「メディアリテラシー」という形で、使いこなす力という意味で使うことが増えています。情報リテラシーは、情報化社会で正常に生活するために必要な最低限の力です。これは、情報を幅広く摂取して取捨選択できる能力まで含まれています。メディアリテラシーとは、メディアの信用度について判断できる力を指します。

頻出語

プラットフォーム (platform)

意味

コンピューターの基盤。基本的な環境や設定。

基本構造という意味で使われる言葉で、「このシステムのプラットフォームは何か」という形で使われます。ビジネスでは、プラットフォームを作った者がルールを決めると言われています。つまり、ルールを共有させた者がその業界をリードできるということ。例えば、iPhone用のアプリを新しく開発するということは、アプリとしては新しいものだとしても、iPhoneのプラットフォームに合わせなくてはならない。つまりiPhoneがプラットフォームなのです。プラットフォームを意識すると、ビジネス的な思考が鍛えられます。

カタカナ語彙

頻出語

クラウドファンディング (crowd funding)

意味 ある目的のため、不特定多数の人からインターネットを通じて資金を集めること。

ファンドは資金、基金のことで、ファンディングは資金を集めるという意味。「クラウドファンディングで支援をする」と言います。株式会社は、株を株主が買うという形で資金を集めるもので、東京証券取引所などの厳しい審査や手続きが必要です。一方クラウドファンディングはそれがないので、参加するときにはよほど注意が必要です。ただ、これは資金集めの一つの手法であり、信頼できる人や組織が行うものであれば問題ありません。ちなみに、この「クラウド」は「雲」ではなく「大衆」なので、間違えないようにしましょう。

カタカナ語彙

頻出語

ルーチン (routine)

意味

きまりきった手続きや手順、仕事。ルーティンとも。

「作業をルーチン化する」「この段取りをルーチンに組み込む」という形で使います。「ルーチンワーク」という言葉は、退屈する仕事というニュアンスで使われることもあります。ラグビーの五郎丸選手がペナルティーキックをする前にするポーズ、それがルーチンとして話題になりましたが、イチロー選手も、試合の日は朝食べるもの、ストレッチの内容など細かくルーチンを決めています。それは、もし、結果が悪かったときに何が原因かを突き止めやすいからと言っていました。安定した仕事をする人は、ルーチンを決めていることが多いと思います。

カタカナ語彙

頻出語

サイレントマジョリティ (silent majority)

意味

物言わぬ多数派。積極的に発言しないが大多数である勢力のこと。

「サイレントマジョリティの存在を意識する」というふうに使います。声高な主張は一見強そうだけれど、全体から見たら実は少数派で、声を上げない人たちの方が圧倒的多数なのです。特に政治家は、サイレントマジョリティの声なき声に耳を傾けることが必要。日米安保条約締結時の首相だった岸信介は、国会前ではすごい反対運動が起きていたけれど、少し離れた後楽園球場では何万人もの人が野球を楽しんでいて、安保反対が日本国中の声のように思っていたが実態は違ったと後に語っています。サイレントマジョリティへの意識は大切です。

イノベーション (innovation)

意味

刷新。技術革新。新機軸。

「イノベーションとなる製品の開発」という形で使います。技術革新という意味だけではなく、新たな市場の開拓やシステムの刷新まで幅広い意味で使われています。「革新」というとラジカルな意味にもとられるので、日本語としては「刷新」という言葉がいいのかもしれません。イノベーションという言葉はアメリカの経済学者シュンペーターが提唱した概念で、後にドラッカーなども使っています。企業が長く続くためには常に新しいことを考える頭が必要。新技術の投入やシステムの改良、また無駄を省くこともイノベーションの一つです。

カタカナ語彙

頻出語

エッジ (edge)

意味 ふち。端。卓球台のへりの部分。アイススケート靴の金属の刃。

「エッジの効いたデザイン」という形で使います。言葉として「エッジが効いた」というときは、鋭い意見や鋭い視点という意味。人を刺激するようなものの見方のことです。会議では、エッジの効いた意見を言う人がいないと活性化しません。かといって、エッジが効きすぎている人たちばかりだと、安定感がない。バランスが大事なんですね。いい会議というのは、デカルトの言うような「ボン・サンス（良識）」を持ちつつ、エッジの効いた視点を持つ人が集まっていること。そうすると、実現できる範囲での新たな発想が生まれやすくなります。

ソリューション（solution）

意味

問題の解決。問題解決のためのコンピューターシステムの構築。

「ソリューションを提案する」という形で使います。従来の伝統的な学習方法が知識の継承であったとすれば、問題解決型学習は新たな学習法と言えます。「この事例について、あなたならどうしますか」という問に答えること。これがソリューション型の頭の使い方です。質問に対するものは回答ですが、問題に対するのは解決です。問題解決という概念は、日本にも昔からありました。例えば世阿弥の『風姿花伝』では、珍しいものを〝花〟として、その見せ方によってお客さんを引き付けるという、顧客満足に関するソリューションを提示しています。

カタカナ語彙

頻出語

アジェンダ（agenda）

意味

計画。予定表。議事日程。

「今日のアジェンダを発表する」という形で使います。これからの行動計画という意味で、日本語に置き換えるとしたら、予定や計画ということになるでしょう。アジェンダというときは、日程（時間）と手順を決めておく必要があります。いつまでに何と何をして、その次に何と何をする、という具体性をもったものでなくてはアジェンダになりません。ですから、会議でぼんやりした資料を出すと「アジェンダに落とし込んできて」「アジェンダに仕上げてきて」と注意されるので、気をつけましょう。

コミット (commit)

意味

関係すること。関わり合うこと。

「環境問題にコミットする」「その件にはコミットしない」という形で使います。深く関わりを持つというイメージです。ある程度「約束する」というニュアンスはありますが、「確約」まではいかないのがこの言葉の微妙なところです。「成果にコミットする」といえば、成果について深く関わるけれど責任は持たない。ですので、成果がなくても相手方を訴えることはできないでしょう。「コミットする」というときは、当事者意識を持ってのぞむことの表明になります。「コミットメント」と名詞で使うときは、公約という強い意味にとらえることが多いですね。

カタカナ語彙

頻出語

フィードバック
(feedback)

意味

結果の反応によって行動を変化させること。

「フィードバックされた情報を商品開発に活かす」という形で使います。フィードバックとは、反応する、意見を返すことにとどまらず、それを活かして行動を変えることまで含みます。フィードバック機能があるということは、修正する力があるということ。フィードバック回路を持つことは、組織にとって大切なことです。私は大学の講義や講演会では必ず出席された方からコメントをもらうことにしていて、次回フィードバックするようにしています。講義や講演会では、準備、ライブでの融通、フィードバックの三本柱を大切にしています。

クオリア (qualia)

意味

感覚的体験による質感のこと。感覚質と訳される。

「なんとなく感じること」ではなく、独特で鮮明な質感のこと。例えば、金木犀の香りがすると、たいていの人は「ああ、あの香りね」とはっきりとわかりますよね。そういうときに、「金木犀の甘い香りというクオリアが感じられる」と使います。言語ももちろん重要ですが、心は言葉で説明しきれるものではありません。そこで、心を脳科学的に研究するときに、感覚、つまりクオリアを司る心の機能への注目が進んできたのかもしれません。日本では昔から「わび、さび」などの感覚を重んじてきましたが、クオリアと縁が深いのではないでしょうか。

カタカナ語彙

頻出語

レジーム (regime)

意味 **体制、政治体制。**

「フランス革命によって、アンシャンレジームは崩壊した」という形で使います。アンシャンレジームとは旧体制のこと。具体的には、フランス革命以前の王政のことを指します。変革を訴えるときに、スローガン的に「アンシャンレジームを打破する」と使うこともできます。レジームが体制という意味なので、「量的緩和レジーム」と言うこともありますが、文脈としてはアンシャンレジームと使う方が一般的でしょう。ちなみにフランス革命は１７８９年。この年号くらいは社会人の常識として覚えておきましょう。

オノマトペ（onomatopée）

意味

擬声語、擬態語。

「オノマトペで心情を表現する」という形で使います。語源はフランス語。長嶋茂雄さんに代表されるように、言葉に「ズバッと」「グッと」「ガーッと」という語彙が多い人はオノマトペ多用型と言えましょう。伝わる人には伝わる、非常に感覚的な言葉です。日本語は特にオノマトペが豊富で、現在でも語彙が増えているという、オノマトペ全盛言語です。「クンクン」と「グングン」では、濁音だけの違いなのにオノマトペとしてはまったく違う言葉です。外国人からすると、その違いをつかむのに苦労するようですが、日本人は苦もなく使いこなせます。

カタカナ語彙

頻出語

シニカル（cynical）

意味

皮肉な態度をとる様子。冷笑的。

「彼はシニカルな笑いを浮かべていた」という形で使います。皮肉を言う場合は独自の理解力が前提になっているので、洞察力があるとも言えます。上手に皮肉を言われると、言われた方がはっと目を開かれることがあるのです。ただ、他の人の価値観を小馬鹿にするような印象ではあるので、言う方にリスクはあります。ですが、理解力や洞察力のある人が、ありきたりなものの見方に対して皮肉を言うのは、社会にとって刺激にもなるのではないでしょうか。皮肉を受け入れられるだけの度量がある社会の方がいいような気もします。

セレンディピティ (serendipity)

意味

偶然に出会ったり、予想外のものを発見すること。

「この発見はセレンディピティによってなされた」という形で使います。本来期待していなかったことが偶然見つかるという意味で、幸運を引き寄せる力でもあります。抗生物質であるペニシリンは、青カビの研究から偶然見つかったもので、これぞまさにセレンディピティです。幸運をつかむ人は、常に偶然の出会いを追い求め、大切にしています。ニーチェは『ツァラトゥストラはかく語りき』の中で、「偶然を妨げるな」と言っています。すべてが予定通りなんてつまらない、偶然を喜んで受け入れなさいということなんですね。

ブラフ (bluff)

意味

はったり。こけおどし。

「強気のブラフをかける」という形で使います。もともとはポーカーなどのトランプゲームの言葉。ポーカーはいい手で勝つ人よりも、悪い手なのにブラフをかけて強そうに見せて勝てる人が強いんですね。つまり、どんな手が来ても勝てる。ビジネスでも、ブラフが必要なことがあります。クライアントから自分が知らないことを聞かれたとしたら、とりあえず詳しいふりをしてその場をしのぐこともあるでしょう。大事なのは、大きな声でブラフをかけることと、あとで必ず裏付けをとって確認することです。

ハイブリッド (hybrid)

意味

雑種。交雑種。異種のもの同士の組み合わせ。

「ハイブリッド車」や「ハイブリッド米」などがあり、1933年の『読書放浪』(内田魯庵)に「長崎の生活は総てが日本と外国との交錯から生れたハイブリッドで」という用例があります。雑種というとあまりイメージがよくないですが、複合することによってよりすばらしいものを作るというニュアンスですね。「日本とアメリカのハイブリッドでいきましょう」という言い方もできるので、掛け合わせの表現としては便利な言葉でもあります。ハイブリッド米は、それぞれの種の強みを生かして交配することなので、よりよい種になります。

頻出語

プロパガンダ（propaganda）

意味

主義・思想の宣伝。広く知れ渡らせること。

「彼らのプロパガンダに騙されるな」という形で使います。意図的に無理やり広めていくというニュアンスがあるので、使い方に気をつけたい言葉です。政治的な意図を見抜くためにも、プロパガンダという言葉は覚えておいた方がいいでしょう。日本でも、第二次大戦前の全体主義社会時代に、政治的意図が含まれたフレーズが流れたことがありました。「欲しがりません勝つまでは」「贅沢は敵だ」「一億玉砕」などは、典型的なプロパガンダです。人々を扇動する目的で流布されるプロパガンダには常に注意が必要です。

マイルストーン (milestone)

意味

道路に1マイルごとに置く里程標。画期的な事件のこと。

1マイルは約1・6キロメートル。ここまで到達したという印のことで、物事の節目を言う時に使います。「2年ごとにマイルストーンを置く」と言えば、2年ごとに現状分析とプロセスの見直し、その後の目標設定の確認をするという意味になります。アスリートであれば、4年に一度のオリンピックはマイルストーンになるのでしょう。ストーンは石ですが、石を置くというイメージが大事なのではないでしょうか。日本には昔から石碑があって、絶対に忘れないような記念として使われていました。石の重みを感じながら、節目を思うということでしょうね。

カタカナ語彙

頻出語

オンブズマン (ombudsman)

意味

国民に代わって行政活動を監視し、苦情処理する者。

「オンブズマン制度を活かす」という形で使います。オンブズマンとはスウェーデン語で代理人のこと。スウェーデンは個人の権利意識が強い国。ベストセラーになったスウェーデンの小説で『ミレニアム』というのがありますが、一般社会の中でももめごとがあると憲法が持ちだされるんですね。個人の社会でもしかりですから、憲法に照らして行政を監視するというのが徹底している国です。日本には「お上意識」があって、お上に苦情を言いにくい風土があったのですが、もうそんな時代ではありません。市民が行政を監視する時代になったのです。

ノマドワーカー（nomad worker）

意味

ITやモバイルを活用し、場所と時間を自由に選んで仕事をする人。

ノマドとは遊牧民のこと。会社に行って自分のデスクについて仕事をする、というのが定住民だとすると、喫茶店を転々としながらノートパソコンを持って仕事をする人がノマドワーカーということになりますね。私自身も、喫茶店で仕事をする方がはかどります。大事なのは、どこで何をしていても生産性を上げているということ。結果主義的な仕事の仕方と言えます。子育てや介護と仕事の両立が課題になる社会においては、一つの働き方として推奨されていいと思います。

「ノマドワーカーのメリットとデメリットを理解しておく」などと使います。

カタカナ語彙

頻出語

ライトノベル（light novel【和製英語】）

意味

主に若者向けに、会話やイラストを多用した小説。

略して「ラノベ」とも言います。本が苦手な人でもサッと読める良さがあり、かつSF、ファンタジー、ミステリー、恋愛などさまざまな要素を含んでいるので、幅広い読者を獲得できるというメリットがあります。ラノベを「軽い」と評することもありますが、重ければいいというものではありません。ゲーテはジャンルごとに一流があると言っていて、軽いと言われるラノベにも、一流のものはあります。『プラトン対話篇』は、ラノベのように会話で成り立っている作品なので、『プラトン対話篇』はライトノベルの起源であると言えるかもしれません。

リノベーション (renovation)

意味

手を加えてよりよくすること。修復。改革。

「古民家をリノベーションする」という形で使います。何もかも新しくするのではなく、既存のものを改良することで新たな価値を生み出そうという動きの中で注目されるようになった言葉です。reは再びという意味なので、再利用とも近い言葉ですね。海外の旅行者の多くが古き良き日本を求めてやってくることもあり、リノベーションのニーズはますます高まることと思います。新しいものを作るよりも、歴史と伝統のあるものを大切に使い続けることこそが、真の贅沢なのかもしれません。

キャッチー (catchy)

意味 人に受けそうである様子。人気になりやすい様子。

音楽において、覚えやすい旋律を「キャッチーなメロディー」と言うことがあります。人をひきつける言葉やフレーズ、万人受けするものを称してキャッチーと言います。「この広告はキャッチーだ」「キャッチーなフレーズを考えよう」

オフレコ (off the record)

意味 記録や公表をしないことを前提にすること。

オフ・ザ・レコードの略で、対義語はオンレコです。非公式の発言であることを条件に話すこと。オフレコでと提示された側は、それを守ることがモラルとされています。「この話はオフレコでお願いします」「オフレコでならお話しします」

キャパシティ (capacity)

意味 **収容能力。受容力。**

物事を受け入れる能力、また、受け入れた物事を処理する能力。「キャパ」と省略形で使うこともあり、「キャパオーバー」とは処理・収容能力を超えているということ。

「この仕事量は私のキャパシティを超えています」

グレーゾーン (gray zone)

意味 **どっちつかずのあいまいな領域。判断が分かれるもの。**

白黒はっきりさせるという言葉がありますが、人間関係もビジネスも、そうそう区別できるものではありません。むしろ、グレーの濃淡をしっかりと見極める力が大切です。

「違法か合法か、これはグレーゾーンだな」

フラット（flat）

意味
平らであること。平面。

感情の起伏がないという意味でも使われます。また、関係性が対等であるというときにも「フラットな関係」という言い方をします。「そこではしばしば進化が過程から過程へのフラットな移行としてとらえられ」（『日本の思想』丸山眞男）

エゴサーチ（egosearching）

意味
インターネット上で、自分の評価を確認すること。

SNSの発達によって誰もが情報発信者になれる反面、誹謗中傷の対象になることもあります。基本的に匿名でやりとりされるネットの世界における評価は、気にし過ぎない方が身のためです。「エゴサーチをしてもいいことはない」

アベレージ (average)

意味 平均。標準。打率。

ビジネスでは、営業成績や売上額の標準値について「アベレージ」という言葉を使うことがあります。「試合回数が少いから、そんなアベレージが出とるンだよ」(『銀座二十四帖』井上友一郎) という用例があります。

アイコン (icon)

意味 コンピューターで、機能を絵文字にして表示したもの。象徴的なもの。

「彼女は若い女性たちのアイコン的な存在だ」というように、ビジネスではシンボリックな存在という意味で使うことが多いでしょう。多くの人の認知を得るための商品のＣＭキャラクターには、アイコンとして機能する人が選ばれています。

ターム (term)

意味 学術用語。専門語。期間。期限。

専門用語はテクニカルタームと言います。学校の「学期」もタームと呼びます。長与善郎の『竹沢先生と云ふ人』に、「勝ち気な奥さんはこんなタームをつかって鋭く受け返へした」という用例があり、これは言葉という意味です。

ナレッジ (knowledge)

意味 知っていること。知識。

「ナレッジマネジメント」とは、組織内のメンバーが保有する知識や知恵（ナレッジ）を共有して管理（マネジメント）すること。これができていると、企業としての競争力が高まります。「ナレッジマネジメントで社内の情報を有効活用する」

アンソロジー（anthology）

意味　ある基準によって選び集めた作品集。美しい詩文を集めた詞華集。

アンソロジーは、専門家がセレクトしたダイジェスト版ともいえるので、文学になじみのない人におすすめです。山本健吉の『古典と現代文学』に「日本にまだこれまで一冊の詞華集《アンソロジー》も編まれていないことの怠慢」という用例があります。

キュレーター（curator）

意味　博物館や美術館などの管理者。展覧会に携わる専門職員。

日本では「学芸員」と言いますが、キュレーターは学芸員より権限のある立場です。学芸員は職員というイメージですが、海外には独立して仕事をしているキュレーターも多くいます。「彼女は信頼できるキュレーターだ」

カタカナ語彙｜頻出語

ミニマリズム (minimalism)

意味　最小限主義。1960年代アメリカの、極限までシンプルにした形式のこと。

最小限の装飾で表現する芸術という意味から、昨今では究極にシンプルなライフスタイルを表すようになりました。最低限の所有物で生活する人たちを「ミニマリスト」と呼びます。「彼はミニマリズムを実践している」

コンサバティブ (conservative)

意味　保守的な様子。保守的な人。

対義語は、進歩的という意味のprogressiveです。流行に左右されないという意味で、「コンサバ」という省略形でファッションの分野でよく使われる言葉です。「彼女はコンサバティブなファッションに身を包んでいる」

インディーズ (indies【和製英語】)

意味

大手の制作会社に所属せず、自主制作する映画や音楽。そのアーティスト。

インディペンデントの短縮形で、「インディーズ」は和製英語。売れる前、あるいは売れていないアーティストではなく、自主制作という形態を取るアーティストのことです。「インディーズで活躍したアーティストがメジャーデビューする」

エキシビション (exhibition)

意味

公式記録とせず、勝敗に関係なく行われる演技や試合。

エキシビションマッチ、エキシビションゲームなどがあります。本試合とは異なるので、催し物としてのイメージです。勝敗に関係ないからこそのおもしろさがあります。「フィギュアスケートのエキシビションを見た」

カタカナ語彙 頻出語

オーソリティ (authority)

意味 権威。威信。その道の大家。

「心理学のオーソリティ」「憲法のオーソリティ」のように、「○○のオーソリティ」という形で使います。内田魯庵の『社会百面相』に、「黒住法学博士は商法と保険法では当今のオーソリチイとして推されて」という用例があります。

スピンオフ (spin off)

意味 映画やドラマから派生してできた続編。企業が子会社を作ること。

メインストーリーから漏れた「外伝」として作られる作品で、好評なドラマのわき役を主役に据えて作られるもの。また、企業が一部門を独立させて子会社を作る「分社化」の意味もあります。「海外事業部をスピンオフした」

チュートリアル（tutorial）

意味　個別指導。コンピューターソフトに関する使用説明書、教材。

ビジネスでは後者の意味で使うことが多いでしょう。説明書は、従来は冊子に頼っていましたが、今はアプリケーションソフトに付属しているのが主流です。画面の指示通りに行えばいいので安心です。「チュートリアルに従って操作する」

アウトライン（outline）

意味　輪郭。外郭。あらすじ。

ビジネスにおいては、ある事柄のおおよその内容、概要という意味で使われます。対義語としては、詳細を表す「ディテール」が挙げられます。「企画のアウトラインを説明する」「プロジェクトのアウトラインを策定する」

カタカナ語彙

頻出語

ケーススタディ (case study)

意味　一つの社会的単位を取り上げて研究する。事例研究法。

具体的な事例を分析した積み重ねによって、原理原則を導き出す研究。帰納法的な研究方法で、社会学や教育学で用いられる手法です。

「人材育成についてのケーススタディを行う」「ケーススタディの報告をする」

トリビュート (tribute)

意味　感謝・賞賛・尊敬などの気持ちを表すこと。賛辞。

「トリビュートアルバム」とは、尊敬する音楽家を称賛するために編まれたアルバム、あるいは敬愛する過去のミュージシャンのヒット曲を新しくカバーしたアルバムのこと。

「今回のトリビュート作品は秀逸な出来だ」

ロードマップ（road map）

意味　道路地図。行程表。計画表。

解決のための道筋という意味では、「和平交渉のロードマップ」「民主化に向けたロードマップ」という形で使います。大江健三郎の『個人的な体験』に、「あの地図をロード・マップに使いたいわ」という用例があります。

タックスヘイブン（tax haven）

意味　税金避難地。非課税、もしくは定率課税の地域のこと。

香港やシンガポールなどが挙げられます。本来は海外企業を誘致するための制度ですが、昨今では、海外進出を果たしている日本企業の課税逃れに利用されることが問題になっています。「タックスヘイブンの規制を強化する」

パンデミック (pandemic)

意味　**感染症が世界的規模で同時に流行すること。**

「pan」はすべてという意味。パンデミックは世界的流行病とも訳します。「新型インフルエンザウィルスのパンデミックを懸念する」という使い方をします。過去には、海外におけるペストやコレラなどのパンデミックが確認されています。

アメニティー (amenity)

意味　**快適さや好ましさ。ホテルなどの設備や備品。**

「都市のアメニティー」とは、都市の住みやすさのことを表します。ホテルの備品は「アメニティー」であり、「アメニティーグッズ」は和製英語です。「アメニティーを重視した設計を依頼する」「アメニティーを用意する」

オーガニック（organic）

意味　有機体の。化学肥料や農薬不使用の食料品。

健康志向の高まりによって一般的になった言葉で、オーガニックレストランなどが知られています。オーガニック食品の定義は、改正JAS法で定められています。「オーガニック農業に取り組む」「オーガニック野菜にこだわったメニュー」

ジェネリック（generic）

意味　一般的であること。後発医薬品のこと。

「ジェネリック医薬品」の略として使われることが多い言葉。特許権が切れた薬と同じ成分で製造された安価な医薬品で、医師の許可があればジェネリックに変えられます。「次からは、ジェネリックにしてください」

ハザードマップ（hazard map）

意味

災害予測地図。防災地図。

地震、噴火、台風などの自然災害が起きたときの被害状況を予測して記した地図のこと。避難経路や避難場所も記されているので、災害に備えてぜひチェックしておきましょう。「自宅周辺のハザードマップを確認する」

フィーチャリング（featuring）

意味

特定の事柄を際立たせること。呼び物にすること。フィーチャー。

「フューチャリング」や「フューチャーする」は誤用。音楽業界では「特徴」という意味で「feat.〇〇」と表記されることもあります。また、芝居では「客演」という意味になります。「ビートルズの曲をフィーチャーした」

デトックス（detox）

意味　体内の有害物を取り除くこと。

detoxification の略。体内の老廃物や有害物が健康阻害の要因であるという考えに基づいた健康法の一つ。食事法や運動法、入浴法などが注目されています。「デトックスで体の中から健康になろう」「デトックス効果のある食材」

スキミング（skimming）

意味　クレジットカードなどの磁気情報を盗み取ること。

不正に読み取った磁気情報を基に偽造カードを作る犯罪行為も「スキミング」と呼びます。昨今では、財布やバッグの中にあるカード情報を読み取る非接触式スキミングもあるので注意が必要です。「スキミング犯罪を摘発する」

テザリング (tethering)

意味 スマートフォンと接続してインターネットに接続すること。

通信機能を持たないゲーム機やパソコンをスマホにつなぐことでインターネットが使えるようになる仕組み。「デザリング」と間違えないようにしましょう。「テザリングすればこのゲーム機でネットゲームができる」

クロニクル (chronicle)

意味 年代記。編年記。

年を追って書いてある歴史のことで、『日本書紀』は日本初のクロニクルと言えるでしょう。中国の『史記』やアメリカのウィリアム・フォークナーの小説もクロニクルです。「わが社のクロニクルを作成する」「この小説は一大クロニクルだ」

5章

カタカナ語彙

ビジネス語

職場で圧倒的な差をつける、
大人のビジネスカタカナ語

フレキシブル (flexible)

意味　**融通のきく様子。柔軟性のある様子。**

「フレキシブルに対応する」というのは「柔軟に対応する」という意味。「柔軟に」と言うと「柔らかい」というだけのイメージになりますが、ここでは「変化に即応する」「臨機応変」というニュアンスが強いですね。名詞形である「フレキシビリティ」について『経済・ビジネス用語辞典』を見てみると、「市場環境の変化や顧客ニーズの変化に対して柔軟に対応する組織能力のこと」とあります。つまり、フレキシビリティの高さが競争力になるということ。それは人の心も同じでしょう。フレキシブルでしなやかな心が社会で生き残る秘訣かもしれません。

カタカナ語彙

ビジネス語

ダイバシティ (diversity)

意味

多様性。企業で、人種、性別、年齢などを問わず多様な人材を活用すること。

「ダイバシティに取り組む」のように使います。様々な物事に対する対応力や適応力が求められる今、多彩な人材の力を活かすことが企業の課題になっています。私が商品の名前を新しく決める会議に出席したときのこと。対象は若い女性であるにも拘わらず、出席しているのは全員50代以上の男性。そこで私は、最終候補に残った3つについて女性たちにアンケートを取ろうと提案しました。すると結果は、会議で最下位だったものが1位になりました。メンバーを多様化し、チームの感覚を多様化することがいいアイデアがつながることを実感しました。

グランドデザイン (grand design)

意味

長期にわたって行われる大規模な計画。

基盤になる壮大な計画という意味で、大きなプロジェクトについて大局的な見地から見直してみようというときに、「グランドデザインを考え直してみよう」という形で使います。自分の仕事に集中しすぎると、どうしても細かいことばかり意識が向いて、かえって非効率になることがあります。そんなときに俯瞰で全体を眺めてみることは、自由で開放的な空気をもたらすことにもなります。ちなみに、後に東京となる江戸をグランドデザインしたのは徳川家康だと言われています。後に首都になる街の基礎を作ったという点でも、家康の力がわかります。

カタカナ語彙

ビジネス語

ロールモデル (role model)

意味

役割を担う人。模範。手本。

ビジネスでは、「私のロールモデルは○○さんです」と言います。ロールモデルを持つと成長しやすいですね。それが最近では、ロールモデルがいない、お手本にしたいほどの人がいないという不幸な職場環境の人も少なくありませんが。一人にしぼるのが難しい場合は、三人挙げるといいでしょう。例えば、エジソン、織田信長、スティーブジョブズ、であれば、新しいものを生み出しながら攻めのビジネスを目指す、となります。自分で勝手に〝先生〟として慕うことを「私淑」と言いますが、私淑する人を見つけると、新たな道が開けてくる感じがします。

トレードオフ (trade off)

意味

複数の条件を同時に満たすことができない関係。

「完全雇用と物価の安定はトレードオフの関係にある」という言い方をします。これは、失業率を抑制すると物価が上がり、物価を安定させると失業率が上がるということ。あちらを立てればこちらが立たず、どちらかを犠牲にしなくてはならないということですね。似た意味の言葉に「ジレンマ」があります。ジレンマとは、相反する二つの事柄の間で悩むこと、板挟みになることという意味。どちらを選んでも、またどちらを選ばなくても苦しい胸の内を表現するときに使います。四字熟語では二律背反と言います。

カタカナ語彙

ビジネス語

ストラテジー (strategy)

意味

戦略。戦法。

ギリシア語の「ストラテゴス」から派生した言葉で、「不況対策のストラテジー」という形で使います。戦略に基づいた判断や戦法、つまりどう戦うのかという大きなビジョンのことを指します。戦術がどんなに優れていても、戦法、ストラテジーが間違っていては勝てない。「戦略的思考」という言葉がよく言われているのはそのためです。大局的に見た上で実質的なことを考えなくてはならない、これは先読みの技術でもあります。ビジネス上の交渉では、AがダメならB、BがダメならC、というくらい用意をして臨むことが大事。それがストラテジーです。

カタカナ語彙

ビジネス語

ステークホルダー (stakeholder)

意味　**企業の経営活動に関する利害関係者。**

ステークホルダーには、消費者（顧客）、従業員、株主、取引先、地域社会、行政機関などが含まれます。株主は「シェアホルダー」と言いますが、ステークホルダーには株主も含まれます。「ステークホルダーに配慮する」という形で使いますが、それはすべての利害関係者に対して意識的でいるか、ということ。一部の人だけではなく、広く物事を見て経済活動をすることの大切さを言う言葉です。日本語で「利害関係者」というと、トラブル時の「利害」というイメージを思い起こさせるので、ステークホルダーという言葉が浸透したのかもしれませんね。

カタカナ語彙

ビジネス語

ニッチ (niche)

意味

すきま。大企業が進出しない小規模な分野。

「ニッチな市場を開拓する」という形で使います。もともとは、ローマ建築で用いられた壁のくぼみのことで、そこに彫像などを収めていました。ビジネスでは隙間産業ともいい、中小企業が得意な分野があります。例えば、砲丸投げの球。球には、滑り止めの役割を果たす細い溝が彫ってあるのですが、それには専門的な技術が必要。砲丸投げの球というニッチな市場の世界的なシェアを持っているのは、日本の町工場だそうです。起業したいと思う人がいたら、市場は大きくないけれど必ず需要があり、大企業と競合しない分野を見つけるといいでしょう。

アウトソーシング（outsourcing）

意味　業務の一部を他企業に請け負わせる経営手法。社外調達。外部委託。

「この部門はアウトソーシングした方が効率が良い」という形で使います。正社員を大量に抱え込むよりは、外部の専門的な人に依頼した方がコストとしては抑えられる。アウトソーシングを増やすと、本社の規模は小さく済ませることができますが、本社機能が弱体化し、企業体力が落ちるというデメリットはあります。ただ、企画を立てたり新しいアイデアを生むといった仕事はアウトソーシングが難しい。それは、企業としての戦略的な生命線だからです。今の時代は、アウトソーシングできない仕事をする人が求められる傾向にあると思います。

カタカナ語彙

ビジネス語

スキーム (scheme)

意味

計画、案。図式。

「新規ビジネスのスキームを作る」という形で使います。スキームという言葉を使うときは、ただの企画や計画よりも全体的な図式が決まっている状況です。ビジョンというと、具体的な進め方は決まっていないもののゴールだけが見えているという感じですが、スキームはビジョンに従ってどう進めるかという段取りが確定している感じがします。注意深く練られているというニュアンスなので、漠然としているものやただの思いつき、叩き台とはまったく違います。スキームというからには、全体構成を練り上げて作りこむ必要があるのです。

インセンティブ (incentive)

意味

やる気を起こさせる動機付け。企業が与える報奨金。

「社員にインセンティブを与える」という形で使います。イメージで言えば、走る馬の目の前にぶら下げられたニンジンというところ。目標達成に向けて気持ちを高めるための刺激がインセンティブです。企業でも、成績優秀者を表彰するところがあると思います。人には評価されたいという気持ちがあるので、確かに短期的なカンフル剤にはなります。何もないよりはインセンティブがあった方がいいですし、ゲーム性が高まっておもしろく感じるというのもあります。ですから、上手に刺激して組織全体が活性化するといいでしょう。

カタカナ語彙

ビジネス語

サマリー (summary)

意味

要約。概略。会議や論文などの要旨を簡潔にまとめたもの。

「会議のサマリーを配布する」という形で使います。概要をまとめた書面を指すことが多いですね。だいたいA4サイズ一枚にまとまっていると、サマリーという感じがします。「要約」ですと文章を簡潔にするという意味ですが、サマリーには文章以外の要素も含まれるので〝要約しつつ圧縮する〟という感じの方がしっくりきます。私は常々「理解力とは要約力のことである」と言っているのですが、要約したものを見ればその人がどのくらい理解しているかがわかります。ですので、理解力を上げるためには要約力を磨くことが大切です。

セグメント（segment）

意味

分割すること。区分。部分。

「顧客情報をセグメントする」「セグメントごとに報告をする」という形で使います。もともとは土木や建築で使う言葉で、一区画、線分の一部、という意味です。大きな塊で考えているとわかりにくい、扱いにくい、また曖昧になりがちなものを、部分に分けて正確に把握するというイメージですね。セグメント情報とは、事業部門や地域別に開示する売上高や営業損益の情報のこと。どんぶり勘定で見るのではなく、区分することで事業内容を明確にするという意識が働いていることがわかります。

カタカナ語彙

ビジネス語

ベンチマーク (benchmark)

意味

ものごとの基準になるもの。

「市場の動向を示すベンチマーク」「ベンチマークに照らして評価する」という形で使います。もともとは土地を測量するときの水準点を表す言葉でした。語源は大切なもので、語源を知っておくと意味を間違えずに覚えられます。「ベンチマークにする」という表現を、参考にする、お手本にする、という意味と勘違いしているケースがあるので注意しましょう。ベンチマークテストとは、コンピューターのソフトウェアやハードウェアを比較評価するためのテストのこと。処理能力や動作状況などを調べます。

ゼロサム (zero-sum)

意味

合計するとゼロになること。一方の利益が他方の損失になること。

ゲーム理論に「ゼロサムゲーム」という言葉があり、勝った人の利益と負けた人の損失が差し引きゼロになるゲームのこと。「株の売買はゼロサムゲームだ」という形で使います。「ゼロサム社会」とは、アメリカの経済学者サローの著書タイトルでもありますが、誰かが得をすれば損をする人がいる社会のことで、端的にいえば経済の成長が停止している社会のこと。成長経済では全体が右肩上がりに伸びていくので、差し引きゼロにはならないのです。資本主義が限界に近付いている今はゼロサム社会だという指摘もあります。

カタカナ語彙

ビジネス語

コンセンサス (consensus)

意味

意見の一致。合意。

「社内のコンセンサスを得る」という形で使います。「con」が共通の、という意味なので比較的覚えやすいでしょう。だいぶ日本でも使われるようになったので、日本語の語彙と言ってもいいくらいですね。「同意」と「合意」の違いですが、前者は例えば多数決で決めること、後者はコミュニケーションを経て相互で承認すること。ですので、議会で多数派が押し切るのは、合意ではなく、ただの同意です。コンセンサスにはコミュニケーションが不可欠。手続きだけを踏んで一方的に通知するのは、コンセンサスを得ているとは言いません。

ボトルネック（bottleneck）

意味

支障になるもの。障害。

瓶の狭い口が窮屈になっていて、円滑な進行を妨げるということから生まれた言葉。「事業拡大のボトルネックは人材不足だ」という形で使います。ボトルネックが取り除かれると、動きや流れが格段によくなります。経済用語では、さまざまな要素がある中で、たった一つの要素が不十分なだけで生産がストップしてしまう状態のときに使います。その要素が人である場合、「あの人が障害だよね」とは言いにくいので、「あのあたりがボトルネックかな」と言うと何となく伝わります。外来語を使うことでダイレクトな指摘を避けるというメリットもあります。

カタカナ語彙

ビジネス語

リソース (resource)

意味 **資源。資産。**

「わが社の最大のリソースは、人材である」という形で使います。もともとは資源や資産という有形のもののことでしたが、今では無形のもの、人材や能力、人脈についても使います。資源を幅広くとらえてみると、意外なリソースを持っていることに気づくでしょう。その点では、人脈は意外なリソースの宝庫です。今まで大量にもらってきた名刺を整理することで、リソースの洗い直しにつながるかもしれません。関係を築くために、会ったあとでとりあえず一度メールをしておく。それが、出会いを〝リソース化〟することにもなるのです。

アカウンタビリティ (accountability)

意味

会計上の責任。説明責任。

「企業としてのアカウンタビリティを果たす」という形で使います。企業会計というのは、株主や出資者から資産を委託されることで成り立っています。ですので、資産委託によってアカウンタビリティが設定されて、株主総会における決算報告の承認によってアカウンタビリティが解除される。これはかなり正確な説明であると思います。今は、会計上の説明責任だけでなく、もっと広い範囲でも説明責任が問われている時代。企業は、社会全般に対してのアカウンタビリティを求められているのです。

カタカナ語彙

ビジネス語

コンプライアンス (compliance)

意味

法令や規則を守ること。法令遵守。

「企業としてのコンプライアンスを確保する」という形で使います。個人ではなく組織が主体であり、法令や規則は当然のこと、社会規範や企業倫理まで含めた組織の社会性が試されています。問題が起きてからの対処ではなく、未然に防ぐことも含めてコンプライアンスになっているので、年々ハードルが高くなっている感じがします。社会規範を含むとすれば、現代のセンスに合致していることが必要。その点では、テレビをよく見ることも大事だと思います。今テレビの世界はコンプライアンスが非常に厳しいので、参考になるのではないでしょうか。

オンデマンド (on-demand)

意味

利用者の注文に応じて商品やサービスを提供すること。

demandとは需要、要求のこと。需要と供給は「demand & supply」と言います。オンデマンドは需要に応じて供給する形なので、大量生産、大量消費とは対極にありますね。「オンデマンド出版」「オンデマンド配信」という言葉を聞いたことがあるでしょう。少ない注文に対応するということで、かゆいところに手が届く、といった感じです。オンデマンドはスピード感も大事。onはくっついているという意味なので、オンデマンドには即応という意味合いがあると思います。「自作のゲームをオンデマンドで配信する」

カタカナ語彙

ビジネス語

モニタリング (monitoring)

意味

監視すること。観察し記録すること。

監視というよりも、静かに観察して状況の推移を見極めるといった感じでしょうか。継続的に見るという意味の他に、「新商品のモニタリングを行う」というように、商品についての感想や意見を述べるときにも使います。作り手、売り手側はどうしても主観的な見方になってしまいますし、思い入れがあるので判断にバイアスがかかってしまう。そういうときに、買い手に客観的な評価、判断をしてもらうのは有効です。新しくスタートしたテレビ番組も、一般視聴者の方何人かに見てもらって、その意見を取り入れて改良していきます。

クロスメディア（crossmedia）

意味

複数のメディアを組み合わせること。

似た意味の言葉にメディアミックスがありますが、メディアミックスは消費行動を促すなど結果を重視しているイメージの言葉です。メディアには、それぞれの特徴や強み・弱みがあります。例えば、新聞は、比較的高齢の方たちにとっては毎日欠かさず読むものという意識がありますが、若い人たちはインターネットでニュースを読んでいます。また、ネットを頻繁に活用する人の中には、テレビをほとんど見ない、あるいは家にテレビがないという人もいます。そのためクロスメディアが求められているんですね。「クロスメディアで情報提供をする」

シュリンク (shrink)

意味 縮むこと。萎縮すること。

データを圧縮するというときや、市場の縮小というときに使います。後者の場合は、減少する、衰退するというイメージでネガティブに使われることが多いです。「リーマンショック以降、市場はシュリンクしている」

バズワード (buzzword)

意味 もっともらしい専門用語。あいまいでわかりにくい言葉。

buzz は「虫が羽をブンブン鳴らす」「噂を広める」という意味があり、buzzword には「耳障りな言葉」という意味もあります。言葉を使うときは、語義を確認してからにしましょう。「バズワードにだまされないようにする」

コンテンツ（contents）

意味　内容物。中身。書籍の目次。情報サービスの内容。

コンテンツ振興法の定義としては、「人間の創造的活動により生み出されるもののうち、教養又は娯楽の範囲に属するもの」となっています。「テレビのコンテンツをインターネット配信に切り替える」「コンテンツビジネスを推進する」

クライアント（client）

意味　得意先。顧客。弁護士やカウンセラーなどが依頼人を指して言う言葉。

昔、「お客様は神様です」と言った時代がありましたが、現在ではサービスを提供する側と受ける側という、ある程度対等な関係性を築く傾向にあります。「クライアントの要望をしっかり聞く」「クライアントを獲得する」

イシュー (issue)

意味　発行物。論争点。問題。

「売上アップのためのイシューを検討した」と使います。この場合は、単なる論点ではなく、本質的な論点ということになります。イシューがわかっているということは、物事の本質的な理解ができているということになります。

コミッション (commission)

意味　手数料。仲介料。賄賂の意味にも使われる。

「10％のコミッションで仕事を引き受ける」という形で使います。福沢諭吉の『福翁自伝』に「左る代りにコンミッションを思ふさま取るがどうだ」という用例があります。手数料の意味なのか賄賂の意味なのかを判断できなくてはいけません。

ロジスティクス (logistics)

意味 **原材料調達から生産・販売までの物流を効率化するシステム。**

もともとは軍事用語で、軍事品の調達という意味がありました。物流と同義と思われがちですが、物流は物の流れ自体のこと、ロジスティクスは物流全体の最適化を目指すものです。「ロジスティクスサービスを提供する」

アサイン (assign)

意味 **割り当てること。任命すること。**

「次のプロジェクトリーダーには、君をアサインしたよ」という形で使われます。「こちらのお客様にお席をアサインする」という使い方もありますが、あまり積極的に使われる言葉ではないかもしれません。意味を知っておけば十分です。

カタカナ語彙
ビジネス語

オブザーバー（observer）

意味

観察者。傍聴者。発言権はあるが議決権のない人。

「会議のオブザーバーをつとめる」という形で使います。会議の当事者ではなく、第三者的に関わる立場であることを表しています。監視者という意味もありますが、監視よりも観察の方がニュアンスとしてはいいでしょう。

アテンド（attend）

意味

付き添って世話をすること。接待すること。

深田祐介の『新西洋事情』に「日本各界からの旅行者の世話をする《アテンド》」という用例があります。attend には「出席する」という意味もありますが、ビジネスではほとんどの場合「付き添って世話をする」という意味で使います。

タスク (task)

意味 課せられた仕事。課題。コンピューターの最小作業。

似たニュアンスの言葉にミッションがありますが、ミッションは使命という意味合いであるのに対し、タスクは一つ一つの仕事、作業という意味合いになります。「後輩のタスク管理を任される」「今週のタスクを整理する」

フィックス (fix)

意味 確定する。決定する。

「次回の会議日程をフィックスさせる」と使います。fixには固定させるという意味があり、そこから最終的に確定させるという意味が生まれました。調査データの分析についても、「その数値でフィックスですか」と聞くことがあります。

フレームワーク（framework）

意味　枠組み。骨組み。構造。

問題解決や課題抽出のためのフレームワークとして知られているものに強みや弱みをあぶり出す「SWOT分析」、モレなくダブりなく判断するための「MECE」などがあります。「フレームワークで何が問題かを考えてみよう」

マター（matter）

意味　問題。事柄。

ビジネスにおいては、一般的な問題ではなく「○○さんが取り組むべき問題」という意味で「○○マター」と使われます。目上の人には使わない方が賢明です。「これは営業マターだよ」「広告マターだから、確認しないと答えられないな」

モジュール (module)

意味
基準となる寸法。基本単位。ひとまとまりの機能。

モジュールに分割して分業することを「モジュール化」と言います。「組織のモジュール化を推進する」と言えば、大きな組織を自立的に分割することという意味になります。大きな問題は、細分化して一つずつ解決する必要があります。

アナリスト (analyst)

意味
分析家。特定の事象を調査分析する専門家。

金融アナリスト、財務アナリスト、投資アナリスト、軍事アナリスト、などがいます。特定の分野に関するエキスパートで、知識や情報が豊富なだけでなく、独自の分析ができる人のことを表します。「国際アナリストの助言をもらう」

コンバージョン（conversion）

意味

変換。改宗。転向。

ビジネスでは顧客転換という意味。WEBサイトの閲覧者が、商品を購入したり資料請求したり、そのサイトが目的（ゴール）としているアクションを取ること。「このサイトのコンバージョンポイントは、商品の購入だ」

コンフィデンシャル（confidential）

意味

公開しないこと。秘密であること。

書類に「Confidential」とあれば、その書類は社外秘です。自分から積極的に使う場面はほとんどない言葉ですが、聞く機会、見る機会は多いので意味は理解しておきましょう。「この件はコンフィデンシャルでお願いします」

パテント (patent)

意味　特許。特許権。

「○○のパテントを取る」という形で使います。「特許」と同義と考えていいでしょう。「パテント」と聞いて意味がわかれば十分です。『中外新聞外篇』に「所謂西洋に於ける公許本局《パテント》と称すべきもの即是なり」という用例があります。

レバレッジ (leverage)

意味　借入金で自己資本の収益率を高めること。小さな努力で大きな効果を生むこと。

レバレッジとは「梃子《てこ》の作用」のこと。もともとの金融用語から、小さい努力で大きな効果を生むという一般ビジネス用語に転化していったと考えられます。「ビジネスにレバレッジをかける」「人生にレバレッジを効かせる」

カタカナ語彙
ビジネス語

アーカイブ (archive)

意味　公文書。古文書。コンピューターで扱う圧縮ファイル。

もともとは古文書などの意味で、昔の資料やデータを「アーカイブ」ということもあります。また、sit、lzh、zipなどの拡張子で表される圧縮したファイルのこと。「メールで送ったアーカイブ、確認しておいてね」

イニシアチブ (initiative)

意味　物事をリードすること。主導権。

スイスやアメリカの一部の州で行われている直接民主制の一つで、国民が立法について提案できる制度という意味もあります。一般的には、「業界でイニシアチブを発揮する」「交渉のイニシアチブを取る」という形で使います。

プロトタイプ (prototype)

意味 原型。基本型。試作品。

「プロットタイプ」と言わないように注意しましょう。試作車はプロトタイプカーと言います。大岡昇平の『花影』に、「日本のスターも外国のスターのプロトタイプによって生産されてゐた」という用例があります。

ポートフォリオ (portfolio)

意味 書類入れ。目録。資産構成。

投資の対象となる金融資産の組み合わせのことをポートフォリオと言います。もともとは、港で船荷証券を整理するための書類入れのこと。「最も効率的なポートフォリオを確定する」「ポートフォリオを構成する」

ロイヤリティ (royalty)

意味

特許権・商標権・著作権などの使用料。

この言葉のスペルはroyaltyですが、loyaltyとなると忠誠心という意味になります。谷崎潤一郎の『アヱ・マリア』に、「『お前の本は日本でどのくらゐ売れるのか』の『ローヤルティーは何割ぐらゐ取れるか』の」という用例があります。

アントレプレナー (entrepreneur)

意味

起業家。企業家。

自分で事業を起こす人であり、経営者である人。一般的にはベンチャー企業を起こす人のことを表します。アントレプレナーシップとは起業家精神のこと。「志を高くもつアントレプレナーを応援したい」「アントレプレナーを目指す」

アセスメント (assessment)

意味 調査に基づいた査定。

環境に及ぼす影響を調査して評価することを「環境アセスメント」と言います。「人材アセスメント」「防災アセスメント」「リスクアセスメント」という形で使います。「安全性能については独自のアセスメントを行っている」

ディスクロージャー (disclosure)

意味 情報の開示。企業の財務内容を開示すること。

投資家が正しい投資判断をするための制度。企業は、経営や財務の情報を利害関係者に向けて提供することが義務づけられています。「株主がディスクロージャーを求めた」「ディスクロージャーを積極的に進める」

カタカナ語彙
ビジネス語

デフォルト (default)

意味 債務不履行。コンピューターの初期値。

前者の意味では「借金が増えてデフォルトに陥る」という使い方をし、後者の意味ではデフォルトの機能「パソコンに不具合があるのでデフォルトの設定に戻す」という使い方をします。どちらの意味かは文脈で判断できます。

リコール (recall)

意味 解職請求。欠陥製品を公表し、回収・修理すること。

前者の意味では「不正をした知事がリコールされた」、後者の意味では「メーカーはその車種のリコールを発表した」という使い方をします。公職者の解職請求は、地方自治体では有権者の3分の1の署名が必要です。

アライアンス（alliance）

意味　同盟。提携。国際的な企業連合のこと。

企業買収は一方の企業の自立性が失われますが、アライアンスは自立的な立場を維持しながら対等に提携することができます。「業界全体を底上げするためには、アライアンスが欠かせない」「アライアンスによって業務の効率化をはかる」

オーガナイズ（organize）

意味　組織すること。計画すること。

「ドクターによる講演会をオーガナイズする」という形で、「主催する」という意味でも使います。組織者やまとめ役のことを「オーガナイザー」と言い、「当社がオーガナイザーとなってイベントを開催します」と使います。

カタカナ語彙
ビジネス語

ガバナンス（governance）

意味

統治。支配。統治のための機構や方法。

組織を治めるための管理・監督機能を表す言葉。「コーポレートガバナンス」とは「企業統治」のことで、企業をどう管理するかという意味です。「ガバナンスの強化に取り組む」「不正によりガバナンスの崩壊が明らかになった」

アフィリエイト（affiliate）

意味

広告手法の一種。WEBサイトの広告を通した売り上げに応じて報酬を得ること。

閲覧者が広告のリンクを経由して商品を買うと、WEBサイトの主催者に報酬が支払われるシステム。成功報酬型広告です。アフィリエイトで稼ぐ人をアフィリエイターと呼びます。「アフィリエイトを始めるにあたって、仕組みを調べた」

オープンソース (open source)

意味

プログラムのソースコードを公開し、自由に使えるようにしたもの。

ソースコードとは、ソフトウェアの設計図のようなもの。それを無償で公開し、誰もが複製・改良・配布できるようになっているのがオープンソースです。「オープンソースソフトのおかげで、便利なシステムが構築できた」

サムネイル (thumbnail)

意味

画像を縮小して表示したもの。

解像度が高い画像を、低解像度にして、ファイルを開かずとも確認できるようにしたもの。大量の画像データをチェックする際には便利です。見本やインデックスとして使われます。「サムネイル画像で確認する」

インターンシップ (internship)

意味　体験的に就業すること。インターン。

就職活動の一環として、学生が一定の期間、実際の職場での仕事を体験すること。教育実習や医療実習はインターンシップではありません。原則として無給。「目標とする会社で、インターンシップを体験した」

イミテーション (imitation)

意味　まねをすること。まねをして作ったもの。

模倣、模造の意味で、ビジネスでは他人が作ったものに似せて作り販売している、いわゆるコピー商品を指したりします。また「価値があるように見せて本当は価値の無いもの」という意味もあります。「精巧なイミテーションを作った」

6章

上級語彙

漱石語

目指せ美しい日本語マスター、
夏目漱石が使った語彙

あにはからんや

意味

どうしてそんなことを予測しようか、考えもしない。

思いがけないことが起こったときに、「想定外だったなぁ」と言うのもいいのですが、「あにはからんや……」とつぶやくと、ちょっとユーモラスに気持ちを表現できます。「どうして〜だろうか、いや〜ない」というのは漢文の反語という修辞法です。漢文は昔の日本人の教養の柱だったので、この言葉を使うと、漢文の教養がにじみ出る感じがしていいですね。ちょっと冗談っぽく使ってもおもしろいでしょう。「豈《あた》計らんやすでに一年も二年もボンヤリして下宿に入ってなすこともなく暮しているものがある」（『私の個人主義・道楽と職業』）

上級語彙

漱石語

いわんや〜をや

意味

AがBであるならば、Cは言うまでもなくBだ。

漢文表現の一つで、正式な表現では「〜（において）をや」と結びます。この言葉は、前に述べたことについて、後に述べることは言うまでもない、という意味。「二十歳になるまでは飲酒が禁止なのだから、いわんや十八歳においてをや」というふうに、現代の会話でも使える言い回しです。『歎異抄』の中に「善人なをもて往生をとぐ、いはんや悪人をや」という有名な言葉があります。他力本願になって必死に仏様におすがりする者こそが救われる、ということを伝えています。「いわんや山をや水をや他人をや」（『草枕』）

憂身をやつす（うきみをやつす）

意味

身がやせ細るほど、一つのことに熱中する。

「憂き」は、百人一首によく出てきます。「うきよ」というときは、「憂き世（つらい世の中）」と「浮き世（浮薄な世の中）」を掛詞にすることが多いですね。「やつす」は、目立たない姿になる、出家して姿を変える、という意味ですが、この場合は熱中する、という意味。「身」とは、心と体がセットになったものととらえられていて、これを心身一元論と言います。「私の知っている兄弟で、弟の方は家に引込んで書物などを読む事が好きなのに引き易えて、兄はまた釣道楽に憂身をやつしているのがあります」（『私の個人主義・私の個人主義』）

上級語彙

漱石語

厭世的（えんせいてき）

意味

人生に悲観し、生きているのがいやになっている様子。

「厭う＝いやになる」という意味です。これは、日常会話で使うときにはジョーク交じりに使うといいかもしれません。例えば、一生懸命立てた企画が一瞬で却下されたとき、「あーあ、厭世的な気分になっちゃったよ」というふうに。昔は、本当に厭世的になったときには仏門に入っていました。世をはかなんで出家するという流れがあったんですね。『平家物語』でも、熊谷次郎直実は、平家の若武者の首を取ったことで世がイヤになり、厭世的な気分になって出家するのです。

「私の気分は国を立つ時すでに厭世的になっていました」（『こころ』）

屈托ない（くったくない）

意味

気にかかることがない。

「屈托」とは、あることを気にかけてくよくよする、疲れて飽きる、という意味。それがないので、晴々した印象になるんですね。「お坊ちゃん育ちで屈托がない」と皮肉をこめて言う場合もありますが、悩みがなくて明るい、というのは決して悪い意味ではありません。本当に素直な人に対しては、「屈托がなくていいですよね」と誉め言葉で使うといいのではないでしょうか。「全体坊主なんてえものは、高い石段の上に住んでやがって、屈托がねえから、自然に口が達者になる訳ですかね」（『草枕』）

上級語彙

漱石語

懸想する（けそうする）

意味

思いをかけること。恋い慕うこと。

「想」という漢字を使う言葉は、恋心に関するものが多いかもしれません。昔は、好きな人ができても会うことが難しかったので、想いを懸けて夢で会う、ということがよくありました。言ってみれば、念じることこそが恋である、という感じですね。江戸時代初期、武士道について書かれた『葉隠』には、最高の恋は忍ぶ恋である、という内容があります。思いを懸け続けることが恋である、と。「懸ける」は一生懸命の「懸」でもあるので、忍ぶ恋によって心のエネルギーを得ていたのでしょう。「ところがその娘に二人の男が一度に懸想して、あなた」（『草枕』）

解脱する（げだつする）

意味

悩みや迷いなどから解き放たれて、自由の境地に到達すること。悟ること。

迷いの世界から抜け出て悟りの境地に至るということで、涅槃とも近い言葉ですね。「逃れる」のではなく、「抜け出る」ということなので、苦しいと思っていたことがふと苦しくなくなる、というイメージです。あまりに悪いことが重なったために、また悪いことが起こっても動じなくなったとしたら、それは「解脱した」と言ってもいいのではないでしょうか。つらいことをつらいと思わなくなったときこそが、解脱です。「ことに西洋の詩になると、人事が根本になるからいわゆる詩歌の純粋なるものもこの境を解脱する事を知らぬ」（『草枕』）

上級語彙

漱石語

業腹

（ごうはら）

意味

非常に腹が立つこと。忌々しいこと。

業腹は、ムカつくというレベルではありません。地獄の罪人を焼く激しい火を業火というのですが、その火が自分の腹の中で燃えているという意味なので、はらわたが煮えくりかえるくらいの怒りです。この言葉の良さは、聞いた人がすぐには意味がわからないこと。「ホントにムカつく！」と言うと、言った人の印象が悪くなりますが、「ホントに業腹！」と言うと、「え？　ゴウハラって何？」と感情よりも言葉に意識が向くので、そこで言葉の意味を説明すると会話がおもしろくなります。「他の手に乗るのは何よりも業腹でした」（『こころ』）

才幹が鈍る（さいかんがにぶる）

意味

物事をうまく処理する能力が鈍ること。

「才幹」とは、処理能力があること。「幹」には働きが優れているという意味があります。「テキパキしてるね」だと、表現として物足りない感じがするので、「才幹がすぐれているね」と言い換えましょう。「才覚」は、才知が働く、機知や機転にすぐれているという意味。商売のコツがわかっている人のことを「才覚がある」と言い、井原西鶴の本には、才覚のある人がたくさん出てきます。「自分のように、親から財産を譲られたものは、どうしても固有の材幹が鈍る、つまり世の中と闘う必要がないからいけないのだともいっていました」（『こころ』）

上級語彙

漱石語

三途の川（さんずのかわ）

意味　仏教用語で、死後7日目に渡るといわれている川。

冥土に行く途中に渡るということで、昔は「三途の川の渡し賃」として棺桶の中に六文銭を入れていました。仏教では現生を「此岸」、死んだあとの世界を「彼岸」として、川をはさんでこちらとあちらとを分けています。ですから、彼岸というのは絶対の境地、悟りの境地を表すのです。三途の「途」は道という意味で、三途の川には三つの瀬があると言われています。家族が亡くなったときに、「今ごろ三途の川を渡っているかなあ」と話しあったりするのも、供養の内かもしれませんね。「神秘は十万億土へ帰って、三途の川の向側へ渡ったのだろう」（『草枕』）

情に棹さす（じょうにさおさす）

意味

人情を重んじる、人情に従うということ。

「棹さす」は、船頭が棹を使って船を流れに乗せること、加速することなので、「抵抗する」という意味と間違えないように。情にほだされるという言葉があるように、人は情に流されやすいもの。それを端的に表した言葉が『草枕』の冒頭、「智に働けば角が立つ。情に棹させば流される。意地を通せば窮屈だ。とかくに人の世は住みにくい」(『草枕』)です。ちなみに、漱石は『三四郎』の中で「Pity's akin to love.」を「可哀想だた惚れたって事よ」と訳しています。直訳すると「同情は愛に似ている」となりますが、さすが漱石。訳が洒落ています。

上級語彙

漱石語

塵界を離れる
（じんかいをはなれる）

意味
汚れた俗世間を離れる。

「塵界」とは、塵のように汚れた世間のこと。日常の世界がしがらみの多い汚れた世界だとすると、温泉に行ったり、美しい音楽を聴いたり、山に登って頂上から景色を眺めたりすると、塵界を離れた心地がするんですね。『草枕』の主人公である画工は、まさにそんな気持ちで温泉に行くことで、新たな創作意欲がわいてくるのです。「じんかい」と同じ音の言葉に「塵芥」がありますが、これはちりやあくたのことで、取るに足りないもの、ゴミ、という意味です。「俗念を放棄して、しばらくでも塵界を離れた心持ちになれる詩である」（『草枕』）

刹那（せつな）

意味　**仏教用語で、時間の最小単位のこと。きわめて短い時間。瞬間。**

指で弦を弾く時間を「一弾指」と言い、一弾指の中に六十五刹那あると言われています。刹那がどれだけ短い時間かがイメージできますよね。刹那主義とは今が充実すればいいという考え方で、「この一瞬を生きる」と言うと聞こえはいいですが、先のことを考えないという意味でもあります。「刹那的」を、やぶれかぶれでめちゃくちゃな、とする誤用があるようですが、瞬間瞬間を大切にするという意味なので、ある意味では美しい生き方とも言えるでしょう。「しかし今の刹那に起った出来事の詩趣はゆたかにこの五、六行にあらわれている」（『草枕』）

上級語彙

漱石語

痛痒を感ぜず（つうようをかんぜず）

意味

何の影響もないということ。

痛みも痒みも感じない、ということから、心身の苦痛や物理的な損害など、何も影響はないという意味になりました。何の問題もない、いたって平気だというときに使う「痛くも痒くもない」という言い回しがありますが、それよりも「痛痒を感ぜず」の方が、改まった言い方になりますし言葉の締まりがよくなります。「痛痒」には、差しさわりという意味もあります。「小人から罵詈《ばり》されるとき、罵詈それ自身は別に痛痒を感ぜぬが、その小人の面前に起臥しなければならぬとすれば、誰しも不愉快だろう」（『草枕』）

篤実（とくじつ）

意味 **情が深く誠実なこと。**

「篤《あつ》い」は、人情や感謝の気持ちの程度が非常に大きいという意味で、覚えておきましょう。人の名前にもよく使われています。「篤実温厚」という四字熟語がありますが、これは真面目で誠意があり、穏やかな人のことを表します。「温厚篤実」とも言います。普段の会話では使う場面がありませんが、結婚式のスピーチで人柄を評するときに「温厚篤実なお人柄で」と使います。「性格がよくて明るくて優しくて穏やかで」と言うよりも、改まった言い回しになります。「父は先祖から譲られた遺産を大事に守って行く篤実一方の男でした」（『こころ』）

上級語彙

漱石語

糊口（ここう）

意味

暮らしを立てること。生計。

もともとは「粥をすする」という意味で、転じて「暮らしを立てる」という意味になりました。「糊口をしのぐ」は、かろうじて生計を立てるという意味です。他に、貧しさを表す言葉に「赤貧」があります。「赤貧洗うがごとし」は、すべて洗い流したように何もないという意味。幸田露伴は、娘の文に、お前は赤貧洗うがごとき家に嫁にやろうと思っていると言っていたそうで、それを聞くたびに文さんはイヤな気持ちになったそうです。「一歩進めていうと、あなたの地位、あなたの糊口の資、そんなものは私にとってまるで無意味なのでした」（『こころ』）

必竟（ひっきょう）

意味

最終的な結論としては。つまるところ。結局。

「畢竟」とも書き、「畢」も「竟」も終わる、という意味です。「つまりは」という副詞としては、現代の会話でもじゅうぶん使えます。「つまり」とか「要は」が口癖の人は、バリエーションとして持っておくといいでしょう。勝海舟は、『氷川清話』の中で、坐禅と剣術が自分の土台となってずいぶんためになったと言い、「勇気と胆力とは、畢竟この二つに養われたのだ」と言っています。「必竟女だからああなのだ、女というものはどうせ愚なものだ。私の考は行き詰まればいつでもここへ落ちて来ました」（『こころ』）

上級語彙

漱石語

縹渺と（ひょうびょうと）

意味　**広くはてしない様子。かすかではっきりとしない様子。**

あまりに遠くてはっきりしない、という意味。例えばモンゴルの草原に行ったとして、「いやあ、広いなぁ」しか言えないとすると、感想としてはちょっと寂しいですね。そういうときに、「縹渺たる草原だ」と言えると、モンゴルのダイナミックな感じを表すことができます。高い山に登って、頂上からはるか遠くを見渡すときにも「縹渺とした風景だ」。「ひょうびょう」という音も、広がりがある感じがします。「動けばどう変化するか、風雲か雷霆か、見わけのつかぬ所に余韻が縹渺と存するから含蓄の趣を百世の後に伝うるのであろう」（『草枕』）

馥郁たる（ふくいくたる）

意味

よい香りがあたりに漂っている様子。

「馥郁たる香り」「馥郁と香る」という形で使います。漂う香りの奥行きを感じさせる表現です。よい香りは、精神的な安らぎを与えてくれたり、脳を活性化させたりするので、注目されていますよね。お香を焚いて気持ちを落ち着けるとか、梅の花の香りで季節を感じるというのは、日本人の共通の感覚です。香りをかぐことによって豊かな気持ちになるということが、この「馥郁たる」に込められているような気がします。「ただ馥郁たる匂が食道から胃のなかへ沁み渡るのみである」（『草枕』）

上級語彙

漱石語

睥睨する（へいげいする）

意味

にらみつけて勢いを示すこと。

「睥睨する」は他にも、横目でにらむこと、流し目で見ること、という意味があります。威圧するという意味では、多く「天下を睥睨する」という使い方をします。話し言葉では、まず使いません。「睨」はにらむという意味の漢字で、「あいつが悪いことをしないように睨みをきかせる」（勝手なことをしないように押さえつける）とか、「総選挙を睨んでの発言」（予測する、警戒する）というような使い方もします。「それでいて六畳の間の中では、天下を睥睨するような事をいっていたのです」（『こころ』）

胸が塞がる

（むねがふさがる）

意味

不安や心痛で胸が詰まる。

暗い気持ちになる、憂鬱になる、という意味です。あまりの悲しみで息ができず、息苦しくなるので「胸が塞がる」と言うのです。これは身体感覚を上手に表現した言葉です。「胸が張り裂ける」「胸が躍る」「胸が痛む」など、「胸」を使う慣用句はたくさんあるのですが、これは胸に心があると考えられていたからです。「塞」という漢字は、時代が閉じて塞がっている、閉塞状況にある、というときにも使います。「奥さんの前に坐っていた私は、その話を聞いて胸が塞るような苦しさを覚えました」（『こころ』）

上級語彙

漱石語

了簡（りょうけん）

意味　**考えをめぐらすこと。判断すること。**

「料簡」や「了見」とも書きます。「それはとんでもない了簡だ」「そんな甘い了簡でどうする」「どういう了簡だ」というふうに使います。いい意味では、熟考することを「よくよく了簡する」と言います。「了簡が狭い」とは心が狭いこと、「了簡違い」とは考え違いということ。単なる「考え」よりももう少し広い意味で、「判断」や「裁量」というニュアンスを含む言葉です。「なろう事ならしないで用を足してそうして満足に生きていたいというわがままな了簡、と申しましょうか」（『私の個人主義・現代日本の開化』）

合点（がてん）

意味　同意すること。理解すること。納得すること。

もともと「がってん」と読んでいたのが「がてん」になりました。「合点がいく」「合点がいかない」という使い方が一般的です。「自分でも首肯き他にも合点させるのを特色としている」（『私の個人主義・文芸と道徳』）

有体に（ありていに）

意味　ありのまま。偽りのないこと。ありきたりのこと。

「有体に言う」は、ありのままを言うという意味。「有体の礼儀」というと、通りいっぺんの月並みな礼儀という意味になります。「有体に白状すれば私は善人でもあり悪人でも――」（『私の個人主義・文芸と道徳』）

一朶の雲（いちだのくも）

意味

ひとかたまりの雲。

「一朶」とは、花の一枝、ひとかたまり、という意味があります。前者なら「一朶の百合」という形で使います。「寒く潤沢を帯びたる肌の上に、はっと、一息懸けたなら、直ちに凝って、一朶の雲を起すだろうと思われる」（『草枕』）

迂遠な（うえんな）

意味

実際には役に立たない様子。世の中のことに疎い様子。

もともとの意味は、道が曲がりくねって遠いこと。そこから、回りくどい、すぐには役に立たない、疎い、という意味が生まれました。「迂遠なやり方」などと使います。「同時にもっとも迂遠な愛の実際家だったのです」（『こころ』）

首肯う（うけがう）

意味　承諾する。承知して引き受ける。

よいと認める、肯定する、という意味から、承諾するという意味になりました。「それを首肯ってくれるようなKならいいのですけれども、彼の性質として、議論がそこまでゆくと容易に後へは返りません」（『こころ』）

懊悩（おうのう）

意味　悩みもだえること。

「煩悶」と似た意味の言葉です。動詞の場合は「懊悩する」という形で使います。「比喩で申すと、私は多年の間懊悩した結果ようやく自分の鶴嘴《つるはし》をがちりと鉱脈に掘り当てたような気がしたのです」（『私の個人主義・私の個人主義』）

邂逅する（かいこうする）

意味　思いがけなく出会うこと。めぐりあうこと。

久しぶりに会うことや、大切な縁となる出会いを表す言葉。話し言葉よりも、書き言葉で使います。「寝ても寤めても、忘れる間がなかったある日、十字街頭にふと邂逅して、稲妻の遮ぎるひまもなきうちに」（『草枕』）

我利私欲（がりしよく）

意味　自分の個人的な利益だけを追い求めること。

「私利私欲」も同じ意味です。「私利」も「我利」も自分だけの利益のこと。「私欲」は自分の欲望。我利私欲にとらわれると失敗します。「またこの不同不二の乾坤を建立し得るの点において、我利私慾の羈絆を掃蕩するの点において」（『草枕』）

窮境に陥る（きゅうきょうにおちいる）

意味　苦しい境遇・立場に立たされること。

「窮地に陥る」も同じ意味で使います。苦しい立場から離れることは、「窮境を脱する」と言い、「窮」には行き詰まって苦しむという意味があります。「今滑った事をぜひとも周囲の人に知られなければならない窮境に陥ったのです」（『こころ』）

恐縮の体（きょうしゅくのてい）

意味　恐れて身がすくんでいる様子。相手に迷惑をかけたりして申し訳なく思うこと。

身がすくむほどに恐れいる様子を表しています。感謝や謝罪、人に何かを依頼するときにも「恐縮の体でございますが」という形で使います。「体」は、外から見た様子や体裁という意味です。「甚だ恐縮の体である」（『草枕』）

懸隔（けんかく）

意味 二つの物事がかけ離れていること。程度のはなはだしいこと。

「貧富の懸隔」「懸隔がある」「説明と内容が懸隔している」という形で使います。どちらかというと、話し言葉よりも書き言葉で使います。

「だから気性からいうと、闊達な叔父とはよほどの懸隔がありました」（『こころ』）

恍惚（こうこつ）

意味 心を奪われてうっとりする様子。ぼんやりしている様子。

「恍惚として聴き入る」「恍惚の境地」という形で使います。有吉佐和子が１９７２年に発表した小説『恍惚の人』によって、認知症が話題になりました。「恍惚と云うのが、こんな場合に用いるべき形容詞かと思う」（『草枕』）

好事者（こうずしゃ）

意味 **物好きな人。風流を好む人。**

人とは変わったものに興味を持つ人のことを表します。いい意味でも使いますが、物好きをからかう意味でも使います。「銘は観賞の上において、さのみ大切のものとは思わないが、好事者はよほどこれが気にかかるそうだ」（『草枕』）

光明（こうみょう）

意味 **明るい光。輝かしい栄光。**

もともとは仏教語で、菩薩の心身から発する光であり、慈悲や智慧を象徴するものとされています。「それから自分の未来に横たわる光明が、次第に彼の眼を遠退いて行くようにも思って、いらいらするのです」（『こころ』）

心丈夫（こころじょうぶ）

意味　**安心できる様子。心強い様子。**

「気丈夫」と同じ意味です。「君がいてくれると心丈夫だ」「そう言われると心丈夫に思う」という使い方をします。心が丈夫でいられるというニュアンスです。「そういうと、夫の方はいかにも心丈夫のようで少し滑稽だが」（『こころ』）

忽然と（こつぜんと）

意味　**にわかに。ふいに。**

意味は「突然に」と近いのですが、意外性が強くより急な印象なのは「忽然と」です。「しばらくあの顔か、この顔か、と思案しているうちに、ミレーのかいた、オフェリヤの面影が忽然と出て来て、高島田の下へすぽりとはまった」（『草枕』）

御免蒙る（ごめんこうむる）

意味　相手の許しを得る。断る。

「御免蒙《こうむ》って君の部屋に入った」「この件ばかりは御免蒙りたい」という形で使います。「高原君は御覧の通りフロックコートを着ておりましたが、私はこの通り背広で御免蒙るような訳で」（『私の個人主義・中味と形式』）

慙愧の至り（ざんきのいたり）

意味　反省して心に深く恥じること。

昔は「ざんぎ」と読みました。もともとは仏教語で、「慙」は恥じること、「愧」は人に表すこと、という意味です。「慙愧の念に堪えない」と使います。「はなはだ遅まきの話で慚愧の至でありますけれども」（『私の個人主義・私の個人主義』）

しかのみならず

意味　そればかりでなく。それに加えて。

「その上さらに」と、事柄を添加する意味があります。「夏は気温が高い、しかのみならず湿度も高い」という形で使います。「加之道楽の念はとにかく道楽の途はまだ開けていなかったから」（『私の個人主義・現代日本の開化』）

質朴な（しつぼくな）

意味　自然のままであること。律義なこと。

純朴、素朴とも似た意味の言葉です。「質朴剛健」とは、誠実で飾り気がなく、勇ましくてしっかりしていること、という意味です。「しかし彼らは今の学生にない一種質朴な点をその代りにもっていたのです」（『こころ』）

饒舌を弄して（じょうぜつをろうして）

意味　思うままにおしゃべりすること。

「饒舌」は多弁なこと、「弄する」は思うままに操ること。「饒舌を振るう」とも言います。「満腹の饒舌を弄して、あくまでこの調子を破ろうとする親方は、早く一微塵となって、怡々たる春光の裏に浮遊している」（『草枕』）

悄然として（しょうぜんとして）

意味　元気がなく、寂しそうな様子。物静かな様子。

「悄然たる後ろ姿」「悄然とうなだれる」という形で使います。ニュアンスとして「しょんぼり」という感じです。「悄」には、しおれるという意味があります。「悄然として萎れる雨中の梨花には、ただ憐れな感じがする」（『草枕』）

初手から（しょてから）

意味　物事をする最初から。囲碁・将棋で最初の手から。

「はじめから」を改まって言う時の言葉です。「初手から積極的に攻める」「初手からつまづく」という形で使います。「面倒にも気の毒にも、初手から、余のごときものに、気をかねておらぬ有様で通る」（『草枕』）

酔興（すいきょう）

意味　物好きで好奇心旺盛なこと。酒に酔って常軌を逸すること。

「酔狂」とも書き、「好事」と似た意味の言葉です。「だてや酔興でやっているわけじゃない」「酔興にもほどがある」「酔興なことだ」という使い方をします。「普通の人から見れば、まるで酔興です」（『こころ』）

頗る（すこぶる）

意味 程度がはなはだしいこと。非常に。少し。いささか。

「頗る愉快だ」「頗る迷惑な話」という形で、程度の副調として使います。「床几《しょうぎ》の上には一升枡ほどな煙草盆《たばこぼん》が閑静に控えて、中にはとぐろを捲いた線香が、日の移るのを知らぬ顔で、頗る悠長に燻っている」（『草枕』）

寸毫も（すんごうも）

意味 きわめてわずかなこと。ほんの少しも。

「毫」は細い毛という意味。「寸」は、ごく短いことを表します。「寸毫の疑いもない」「寸毫も違わず」と使います。「生活上寸毫も人の厄介にならずに暮して行くのだから平気なものである」（『私の個人主義・道楽と職業』）

漸々（ぜんぜん）

意味　次第に、段々と。

「漸次」も同じ意味の言葉です。「漸々に」ということもあります。「全然」と間違えないように注意。

「かのピタリと理想通りに定った完全の道徳というものを人に強うる勢力が漸々微弱になるばかりでなく」（『私の個人主義・文芸と道徳』）

雑作もなく（ぞうさもなく）

意味　大した手間もなく成し遂げる様子。

「造作ない」とも言います。「雑作」とは、面倒なことという意味。「雑作なさそうだ」「雑作なさすぎる」と活用させます。「何の雑作もなくただ現今の日本の開化と云う、こういう簡単なものです」（『私の個人主義・現代日本の開化』）

卒然（そつぜん）

意味　にわかな様子。だしぬけなこと。

「率然」とも書き、予想もしなかった物事が急に起こることを表します。「突然」と同じ意味です。「卒然と」「卒然として」という形で使います。「私は妻と顔を合せているうちに、卒然Kに脅かされるのです」（『こころ』）

存外（ぞんがい）

意味　予想と異なること。

「思いのほか」の改まった表現。「案外」と同じ意味です。「これは存外複雑な問題だ」と副詞的にも使います。「余はまさかと思ったが、婆さんの様子は存外真面目である」（『草枕』）

存生中（ぞんしょうちゅう）

意味　この世に生きているあいだ。

「生が存する」という意味で、「存命」と同じ意味です。「その女を貰ってくれれば、お互いのために便宜である、父も存生中そんな事を話していた、と叔父がいうのです」（『こころ』）

掌を翻す（てのひらをひるがえす）

意味　裏返しにする。態度を急に変える。

「手のひらを返す」と同じ意味です。考えや態度を急に変えるときに使います。「簡単にできること」という意味で、使うこともあります。「私の世界は掌を翻すように変りました」（『こころ』）

湛然たる（たんぜんたる）

意味　水が十分にたたえられている様子。

静かで動かないこと。「湛然たる〜」という形で使います。「世上幾多の尊厳と威儀とはこの湛然たる可能力の裏面に伏在している」（『草枕』）「頭を纏《まと》う糸に貫いた真珠の飾りが、湛然《たんぜん》たる水の底に明星程の光を放つ」（『幻影の循』）

逗留（とうりゅう）

意味　その場で進まないこと。一定期間とどまること。

「滞在」と似た意味ですが、「逗留」は主に旅行などのプライベートな目的に使われます。「逗留客」「長逗留」などと使います。「込み合わなければ、少し逗留しようかと思うが、まあ気が向けばさ」（『草枕』）

得心する（とくしんする）

意味 心から承知すること。納得すること。

その道の極意をつかむ、という意味もあります。「得心した」「得心がいく」という形で使います。「得心ずく」とは、互いに納得した上で実行するという意味です。「先生はようやく得心したらしい様子であった」（『こころ』）

努力の如何（どりょくのいかん）

意味 努力によって結果が左右される様子。

「如何」とは、文末に置いて「どのようであるか」という意味を表します。「如何に」も同じ意味で使います。「意思の如何、努力の如何によっては、この模範通りの事が出来るんだといったような教え方」（『私の個人主義・文芸と道徳』）

頓着なく（とんちゃくなく）

意味　物事を気にしない。こだわらない。

「頓着」とは、物事に執着するという意味。「とんちゃく」とも「とんじゃく」とも読みます。「時間の経過に頓着なくあたかも一つ所にこびりついたように固定したものではない」（『私の個人主義・現代日本の開化』）

頓とありませぬ（とんとありませぬ）

意味　まったくない。少しもない。

「頓と」は、多く否定語を伴って「まったくない」という意味で使います。「そういう外圧的の注意を受けたことは今日まで頓とありませぬ」（『私の個人主義・道楽と職業』）

就中（なかんずく）

意味　その中でも。とりわけ。

「中に就く」が音便したもの。「なかんずくに」とも言い、主に書き言葉で使います。「就中最も厭なものはどんな好な道でもある程度以上に強いられてその性質が次第に嫌悪に変化する時にある」（『私の個人主義・道楽と職業』）

難義（なんぎ）

意味　わかりにくいこと。苦しみ悩むこと。面倒なこと。

それぞれの意味に対応する言葉の例として、例えば「難義な理屈」「道に迷って難義する」「難義な話」が挙げられます。「難義する」とは困るという意味で、「難義させる」とは困らせるという意味。「路は頗る難義だ」（『草枕』）

毫も（ごうも）

意味　少しも。ちっとも。

「寸毫も」と同様、否定の語を伴って「毫も疑わない」のように使います。「そうしてその声なり身ぶりなりが自然と安らかに毫も不満を感ぜずに示された型通り旨く合うように練習の結果としてできるではないか」（『私の個人主義・中味と形式』）

判然しない（はんぜんしない）

意味　はっきりとはわからない。

「判然」とは明らかであること、明瞭であること。そこに否定語の「しない」をつけて「はっきりしない」という意味になりました。「『私が？』と句を切った女は、あとから『そうですねえ』と判然しない返事をした」（『草枕』）

反駁（はんばく）

意味 他人の主張に対して非難すること。反論。

「反駁する」「反駁を加える」という形で使います。「反論」と同じ意味です。「彼はただ自分の修養が足りないから、他にはそう見えるかも知れないと答えただけで、一向私を反駁しようとしませんでした」（『こころ』）

飄然と（ひょうぜんと）

意味 ふらふらしている様子。のんきでいる様子。

一つのところに定まらないこと、目的もなく来たり去ったりする気ままな様子を表す言葉です。「瓢」は「ひさご」と読み、ひょうたんのことです。「そうむやみに俗界に引きずり下されては、飄然と家を出た甲斐がない」（『草枕』）

不穏当（ふおんとう）

意味　おだやかでないこと。ふさわしくないこと。

「不穏当な発言」「不穏当な処置」という形で使います。だまって見過ごすことができないような様子を表す言葉です。「談判というのは少し不穏当かも知れませんが」（『こころ』）

不機嫌の体（ふきげんのてい）

意味　機嫌の悪い様子で。

「〜の体」という形で接尾語的につくことによって「外から見たありさま、そのようなもの、風情」という意味になります。他に「満足の体」などがあります。「老人は少々不機嫌の体に蓋を払いのけた」（『草枕』）

富士額（ふじびたい）

意味　女性の額の髪の生え際が富士山の形に似ていること。

富士額は日本髪がよく似あい、和装にも向いていることから、美人の条件とされていました。「顔は下膨れの瓜実形で、豊かに落ち付きを見せているに引き易えて、額は狭苦しくも、こせついて、いわゆる富士額の俗臭を帯びている」（『草枕』）

懐手をして（ふところでをして）

意味　和服で、手を懐に入れていること。自分では何もしないこと。

腕を袖に通さずに懐に入れたままにしておくことから、全部人任せで自分勝手にしているという意味が生まれました。「そうして自分はそのお蔭でもって懐手をして遊んでいられるというわけでしょう」（『私の個人主義・道楽と職業』）

平生（へいぜい）

意味　ふだん。常日頃。

「平素」と同じ意味で、「平素」の方が改まった言い方になります。当たり前の状況で生活している時は、というニュアンスです。「平生使う必要のない字だから、記憶の底に沈んだまま、腐れかけていたものと見えます」（『こころ』）

放擲する（ほうてきする）

意味　投げ出すこと。そのまま放置しておくこと。

なすべきことをせずに放っておく、そのままにしておくという意味です。「擲」には、「投げつける」「なぐりつける」という意味があります。「私はもう少しで、貴方に対する私のこの義務を放擲するところでした」（『こころ』）

茫々たる（ぼうぼうたる）

意味

広々としてはるかな様子。ぼんやりかすんではっきりしないこと。

草や髪の毛が「ぼうぼうに生えている」というのも、この「茫々」です。広々としてはるかな様子としては、「悠々と」も同じ意味になります。「茫々たる薄墨色の世界を、幾条の銀箭《ぎんせん》が斜めに走るなかを」（『草枕』）

漫然と（まんぜんと）

意味

とりとめのない様子。ぼんやりとしている様子。

目的も考えも持たず何となく、という意味で、「漫然と日を暮らす」「漫然と眺める」という形で使います。「漫」の訓読みは「そぞろ（に）」です。「口のうちで小声に誦しつつ漫然と浮いていると、どこかで弾く三味線の音が聞える」（『草枕』）

耳をそばだてる
（みみをそばだてる）

意味　聞こうとして集中する。

「耳を澄ます」「聞き耳を立てる」も同じ意味です。「そばだてる」に、「一方へ意識を集中させる」という意味があります。「両人はわざと対話をやめて、しばらく耳をそばだてたが」（『草枕』）

向こう三軒両隣
（むこうさんげんりょうどなり）

意味　自分の家の向かい側の3軒と、左右の2軒の家のこと。

一戸建ての集落において、日常的に親しく付き合う近所の家、という意味で使います。マンション住まいが多い現代では、あまり使う機会がない言葉ですね。「やはり向う三軒両隣りにちらちらするただの人である」（『草枕』）

上級語彙
漱石語

名状しがたい（めいじょうしがたい）

意味　説明できない。言葉にできない。

「名状」は、状態や様子などを言葉で表現すること。すばらしい、ひどい、など、感情があまりに大きく揺さぶられることでうまく説明できなくなる様子を表しています。「刺激がないから、窈然として名状しがたい楽がある」（『草枕』）

毛頭ない（もうとうない）

意味　全くない。少しもない。

否定語を伴って、毛の先ほどもないという意味を表します。「微塵もない」と同じ意味。「決してつまらぬ演説をわざわざしようなどという悪意は毛頭無いのですけれども」（『私の個人主義・文芸と道徳』）

悠然と（ゆうぜんと）

意味 物事に動じないで落ち着いている様子。

急がずにゆったりしていることを表します。「悠」はゆったりと続くという意味があります。「悠然と構えている」「悠然たる態度」「悠然として」と使います。「掘崩した土の上に悠然と峙って、吾らのために道を譲る景色はない」（『草枕』）

大儀（たいぎ）

意味 骨が折れること。体調がよくないこと。面倒なこと。

もともとは、国家の重大な儀式、という意味です。「ご苦労さん」の意味で、「大儀だったな」と、目下の者の疲れをねぎらう言葉でもあります。「帰ると草臥《くたび》れちまって、御湯に行くのも大儀そうなんですもの」（『門』）

慰藉（いしゃ）

意味　なぐさめていたわること。

「慰謝」とも書き、「慰謝料」もこの意味です。「慰藉する」「慰藉の言葉」という形で使います。「そうして、自分の想像ほど彼は堕落していないという慰藉を得たかった」（『門』）「私は慰藉の言葉さえ口に出せなかった」（『こころ』）

鹿爪らしく（しかつめらしく）

意味　もっともらしい。かた苦しく形式ばっている。

「当然そのようである」という意味の「しかありつべくあるらし」から変化したという説があります。「しかめつら」と混同しないように。「じゃ、鹿爪《しかつめ》らしく云い出すのも何だか妙だから、そのうち機会があったら、聞くとしよう」（『門』）

入用（いりよう）

意味　**必要とすること。必要な費用。**

「にゅうよう」とも読みます。目的があってそれを欲している、という意味。「入用なもの」「金が入用になる」などと使います。敬語にする場合は「ご入用」とします。「欠席届が入用だからこれに判を押してくれと請求して」（『門』）

剣呑（けんのん）

意味　**危険な感じがする様子。不安を覚える様子。**

「剣難」の変化言葉と言われていて、「剣呑」は当て字です。「剣呑な話」「剣呑がる」という形で使います。「御母さんは肥っているから剣呑だ、気をつけないと卒中でやられるかも知れないと」（『門』）

上級語彙
漱石語

現前する（げんぜんする）

意味　目の前にあること。目の前に現れること。

現れる、の他に、目の当たりにする、という意味もあります。「現前の事実」「現前する」という形で使います。「頭の巓辺《てっぺん》から足の爪先までがことごとく公案で充実したとき、俄然として新天地が現前するのでございます」（『門』）

専断（せんだん）

意味　自分だけの考えで勝手に決めること。

「独断」と同じ意味です。「専断する」「専断的だ」「専断に任せる」という形で使います。「けれども一応宗助に話してからでなくっては、余り専断過ぎると心づいた上、品物の歴史が歴史だけに、なおさら遠慮して」（『門』）

ついぞ

意味　（あとに否定語を伴って）今までに一度もない。珍しい。

意外なことにであった時に、「そんなことは一度もない」と使う言葉。「つい」＋「ぞ」でできた言葉です。「ちと御話にいらっしゃいと云うが、ついぞ行った事もなければ、向うからも来た試がない」（『門』）

気ぶっせい（きぶっせい）

意味　気づまりなこと。

「気塞《きぶさ》い」が変化した言葉と言われています。気持ちが塞いでくさくさする、というニュアンスです。「御米は小六と差向に膳に着くときのこの気ぶっせいな心持が、いつになったら消えるだろうと、心の中で私に疑ぐった」（『門』）

情誼（じょうぎ）

意味

人と付き合うときの人情。誠意をもって付き合う気持ち。

「情誼に厚い」「情誼を尽くす」という使い方をします。親しいことを「〜のよしみ」と言いますが、漢字では「誼み」と書きます。「単に隣人の交際とか情誼とか云う点から見ても、夫婦はこれよりも前進する勇気を有たなかったのである」（『門』）

費（ついえ）

意味

費用がかかること。むだなこと。

一般的な出費という意味よりも、無駄遣いという意味の方で多く使われます。むだに使われる、ダメになるという動詞の形では「費える」となります。「これを新聞に応用すれば、印気や印気ロールの費を節約する上に」（『門』）

好いあんばい（いいあんばい）

意味　料理の味加減がいいこと。物事や身体の加減がいいこと。

「程よく処置する」という意味の動詞形では「按配する」と書きますが、名詞形の場合は「按配」「塩梅」のどちらも使います。「調子」「加減」よりも、広い意味で使う言葉です。

「好い案排ね、風が無くなって」（『門』）

疾に（とくに）

意味　すでに。はやく。

「疾」は、「疾風」「疾走」など、スピードが速いという言葉に使う漢字なので、意味がイメージしやすいでしょう。「疾患」「疾病」の場合は、病という意味になります。「冴えた日は黒い世の中を疾にどこかへ追いやっていた」（『門』）

おわりに

文化というのは、語彙を共有することによって深まっていきます。なぜ平安時代に『源氏物語』という作品が成立したかというと、それは作者の紫式部が優秀だったからだけではなく、当時の人たちが『源氏物語』に描かれる文化や教養を解する力があったからなんですね。

ただ単に人々の語彙が豊富だっただけではなく、教養につながる語彙を持っていたということです。

ですので、本書では「教養につながる語彙」を意識して、古い用例も積極的に挙げるように心がけました。

『語彙力こそが教養である』の実践編、トレーニング編として本書を活用してもらうために、ぜひ2週間くらい肌身離さずに持ち歩いていただきたいと思っています。

電車に乗っているときやコーヒーを飲んでいるときにペラペラとページをめくって、新しい気づきがあったところにはペンで印をつけてみる。

そうすると、ただ読むだけではなく、自分自身を関わらせる読書になるのでおすすめです。

また、覚えたての言葉はとりあえず使ってみましょう。

多少強引でもかまいません。たとえば、デートの約束をドタキャンされたら、「アカウンタビリティをよろしく」と言ってみます。相手が「何それ？」と聞いてきたら、「説明責任っていう意味でね」と解説してあげればいいのです。こうやってジョークでも、使っているうちに使い慣れてきて自分の言葉になり、語彙が身についてきます。

使う言葉によって、その人の社会人度がわかることがあります。語彙が拙い人は、仕事も拙いのかなと思われてしまいます。

社会人として、仕事人として不安を持たれるようなマイナス要因を払拭するためには、まずは語彙力です。

信頼に足る人間だと思われるように、この人と仕事がしたいと思われるように、本書に挙げた語彙を身につけてもらえたらと思います。

齋藤　孝

いわんや～をや　271
慇懃（いんぎん）　45
インセンティブ　236
インターンシップ　267
インディーズ　214
迂遠（うえん）な　293
憂身（うきみ）をやつす　272
首肯（うけが）う　294
承りました　133
うやむや　77
上前（うわまえ）をはねる　83
鋭意（えいい）　62
栄転（えいてん）　60
エキシビション　214
エゴサーチ　209
エッジ　189
厭世的（えんせいてき）　273
おあいにくさま　55
おいとま　60
懊悩（おうのう）　294
オーガナイズ　264
オーガニック　220
オーソリティ　215
オープンソース　266
お聞き及び　115
お気遣い　132
お気持ちだけいただきます　110
お口添え　160
お汲み取り　156
お悔やみ申し上げます　135
お心遣い　128
お言葉に甘えて　108
お言葉を返すようですが　178
お先に失礼します　137
お誘い合わせ　161
お察し　130
お騒がせ　175
お邪魔しました　140
お相伴（しょうばん）　126
恐れ入ります　120
お知恵　156

索 引

【ア 行】

アーカイブ 259
アイコン 210
アウトソーシング 234
アウトライン 216
アカウンタビリティ 244
齷齪(あくせく) 86
アサイン 252
アジェンダ 191
悪しからず 24
足元にも及ばない 168
アセスメント 262
斡旋(あっせん) 95
アテンド 253
アナリスト 256
あにはからんや 270
アフィリエイト 265
アベレージ 210
アメニティー 219
アライアンス 264
予(あらかじ)め 48
有体(ありてい)に 292
アンソロジー 212
アントレプレナー 261
好いあんばい 326
遺憾(いかん) 14
行き違いかもしれませんが 143
慰藉(いしゃ) 321
イシュー 251
異存 59
いたしかねます 150
一朶(いちだ)の雲 293
一縷(いちる)の望み 73
一献(いっこん) 26
イニシアチブ 259
イノベーション 188
いまわの際(きわ) 89
イミテーション 267
芋づる式 82
入用(いりよう) 322

既視感（きしかん） 70
鬼籍（きせき）に入る 41
貴重なご意見 167
貴重な時間 165
気ぶっせい 324
基本に忠実 53
キャッチー 207
キャパシティ 208
窮境（きゅうきょう）に陥る 296
キュレーター 212
恐悦至極（きょうえつしごく） 128
教唆（きょうさ） 94
教示（きょうじ） 142
恐縮の体（てい） 296
気を揉む 48
クオリア 194
口裏（くちうら） 75
苦衷（くちゅう） 63
屈托（くったく）ない 274
クライアント 250
クラウドファンディング 185
鞍（くら）替え 78
グランドデザイン 228
苦慮（くりょ）する 51
グレーゾーン 208
くれぐれも 157
クロスメディア 248
クロニクル 223
傾注（けいちゅう） 66
啓蒙（けいもう） 76
ケーススタディ 217
逆鱗（げきりん）に触れる 87
懸想（けそう）する 275
解脱（げだつ）する 276
結構なお話 146
懸案（けんあん） 74
懸隔（けんかく） 297
賢察（けんさつ） 106
研鑽（けんさん） 25
現前（げんぜん）する 323
言質（げんち） 96
剣呑（けんのん） 322

お力添え　159
お手数をお掛けします　178
音に聞く　90
オノマトペ　196
お運びください　123
お開き　79
お含みおき　176
オブザーバー　253
オフレコ　207
お待ち申しております　123
お見知りおき　119
お目が高い　177
お眼鏡にかなう　164
お目にかかる　127
表向き　37
おもねる　43
お役御免　72
お安い御用　20
織り込み済み　17
お礼の言葉もありません　164
お歴々（れきれき）　84
オンデマンド　246
オンブズマン　203

【カ 行】

快気（かいき）　66
邂逅（かいこう）する　295
改竄（かいざん）　100
各位　32
馘首（かくしゅ）　102
かしこまりました　112
牙城（がじょう）　81
形ばかりでありますが　116
語るに落ちる　87
割愛（かつあい）　69
合点（がてん）　292
ガバナンス　265
我利私欲（がりしよく）　295
勘案（かんあん）　27
寛恕（かんじょ）　107
噛んで含める　89
監督不行き届き　175

忽然（こつぜん）と 299
ご無沙汰 136
ご鞭撻（べんたつ） 105
ご芳情（ほうじょう） 111
ご芳名（ほうめい） 137
コミッション 251
コミット 192
ご冥福 135
御免蒙（ごめんこうむ）る 300
ご面倒でなければ 161
御用達 101
ご用命 121
ご来臨（らいりん） 124
ご了承ください 159
ご臨席 125
今後の推移次第 54
コンサバティブ 213
コンセンサス 241
コンテンツ 250
コンバージョン 257
困憊（こんぱい） 102
コンフィデンシャル 257
コンプライアンス 245
困惑しております 169

【サ行】

才幹（さいかん）が鈍る 278
サイレントマジョリティ 187
差し支え 47
早速ですが 13
サマリー 237
サムネイル 266
慙愧（ざんき） 64
慙愧（ざんき）の至り 300
30秒だけお時間をください 145
三途の川 279
ジェネリック 220
鹿爪（しかつめ）らしく 321
歯牙（しが）にもかけない 72
しかのみならず 301
直訴 92
時宜（じぎ）を得る 31
忸怩（じくじ） 100

賢明なご判断　149
けんもほろろ　33
ご愛顧　130
ご案じ申し上げます　134
小粋な　51
ご一報　125
後学のために　153
恍惚（こうこつ）　297
幸甚（こうじん）　109
好事者（こうずしゃ）　298
ご高説（こうせつ）　118
更迭（こうてつ）　98
業腹（ごうはら）　277
光明（こうみょう）　298
毫（ごう）も　312
高覧（こうらん）　121
ご勘案（かんあん）　167
ご苦労をお掛けしますが
158
ご譴責（けんせき）　179
糊口（ここう）　285
ご厚意　126
ご厚誼（こうぎ）　131
ご厚志（こうし）　166
ご高承（こうしょう）　131
ご厚情（こうじょう）　166
ご高配（こうはい）　132
心得違（こころえちが）い　174
心丈夫（こころじょうぶ）　299
心ならずも　152
心より　162
ご査収（さしゅう）　120
ご参加賜（たまわ）る　124
ご自愛　140
ご叱責（しっせき）　179
ご愁傷さま　114
ご助力　129
ご清聴　139
ご精励（せいれい）　134
ご足労　119
ご尊名（そんめい）　138
御託（ごたく）　75
ご多用中　122
ご都合よろしい　127

寸毫（すんごう）も　304
誠意　15
精査　67
セグメント　238
刹那　282
瀬戸際　80
セレンディピティ　198
ゼロサム　240
僭越（せんえつ）ながら　176
善処（ぜんしょ）　12
漸々（ぜんぜん）　305
専断（せんだん）　323
先般（せんぱん）　67
先約　56
早急な対応　170
雑作（ぞうさ）もなく　305
訴求（そきゅう）　28
遡及（そきゅう）　97
齟齬（そご）　55
卒然（そつぜん）　306
ソリューション　190
存外（ぞんがい）　306
存生中（ぞんしょうちゅう）　307
忖度（そんたく）　46

【タ行】

ターム　211
大儀（たいぎ）　320
体調を崩す　30
ダイバシティ　227
タスク　254
タックスヘイブン　218
弾劾（だんがい）　94
啖呵（たんか）を切る　39
湛然（たんぜん）たる　308
段取り　35
抽象的すぎる　148
チュートリアル　216
帳消し　36
ちょうちん持ち　90
重宝（ちょうほう）　61
諜報（ちょうほう）　95

市井（しせい） 91
失念 59
質朴（しつぼく）な 301
失礼かとは思いましたが 177
失礼ですが 122
シニカル 197
謝意（しゃい） 174
若輩者（じゃくはいもの） 57
愁眉（しゅうび） 73
シュリンク 249
遵守（じゅんしゅ） 62
情誼（じょうぎ） 325
小職（しょうしょく） 68
精進 23
饒舌（じょうぜつ）を弄（ろう）して 302
悄然（しょうぜん）として 302
情に棹（さお）さす 280
笑納（しょうのう） 113
承服（しょうふく） 53
女史（じょし） 85
初手（しょて）から 303
思慮深い 52
塵界（じんかい）を離れる 281
深謝（しんしゃ） 147
進捗 93
心痛（しんつう） 63
尽力 49
酔興（すいきょう） 303
出納（すいとう） 93
スキーム 235
スキミング 222
頗（すこぶ）る 304
杜撰（ずさん） 44
筋を通す 16
ステークホルダー 232
捨てがたい 169
ステレオタイプ 182
ストラテジー 231
スピンオフ 215
寸暇（すんか） 71

何とぞ　104
ナレッジ　211
難義（なんぎ）　311
何なりと　49
ニッチ　233
にべもない　85
根回し　34
ノマドワーカー　204

【ハ行】

拝見　117
拝聴する　139
拝読する　138
ハイブリッド　200
配慮　50
ハザードマップ　221
バズワード　249
破綻（はたん）　99
跋扈（ばっこ）　86
パテント　258
憚（はばか）りながら　154
万障（ばんしょう）お繰り合わせ　162
半畳（はんじょう）を入れる　88
判然（はんぜん）しない　312
パンデミック　219
反駁（はんばく）　313
悲喜こもごも　78
必竟（ひっきょう）　286
ひとかたならぬ　129
飄然（ひょうぜん）と　313
縹渺（ひょうびょう）と　287
平（ひら）に　172
顰蹙（ひんしゅく）　40
フィーチャリング　221
フィードバック　193
フィックス　254
不穏当（ふおんとう）　314
不機嫌の体（てい）　314
馥郁（ふくいく）たる　288
不躾（ぶしつけ）　58
富士額（ふじびたい）　315

凋落（ちょうらく） 97
猪口才（ちょこざい） 42
陳謝 171
費（ついえ） 325
ついぞ 324
痛痒（つうよう）を感ぜず 283
つかぬこと 144
つつがない 91
謹（つつし）んで 133
ディスクロージャー 262
手堅い 52
適切な処置 54
できる限り 160
テザリング 223
デトックス 222
手に余る 50
掌を翻（ひるがえ）す 307
デフォルト 263
天王山 38
顛末（てんまつ） 19
同慶（どうけい） 64
逗留（とうりゅう） 308
毒気に当てられる 88
篤実（とくじつ） 284
得心する 309
疾（とく）に 326
とどのつまり 77
虎の巻 79
取り成す 155
トリビュート 217
努力の如何（いかん） 309
ドル箱 71
トレードオフ 230
頓着（とんちゃく）なく 310
頓（とん）とありませぬ 310
どんぶり勘定 81

【ナ 行】

ないがしろ 83
就中（なかんずく） 311
捺印（なついん） 74
納得いたしかねる 170

滅相（めっそう）もない 82
面目（めんぼく）ない 58
申し上げるまでもないとは思いますが 158
申し送り 65
申し遅れましたが 136
申し開き 172
猛省（もうせい） 173
毛頭（もうとう）ない 319
モジュール 256
モニタリング 247
門前払（もんぜんばら）い 80

【ヤ 行】

やぶさかでない 21
やむなく 56
悠然（ゆうぜん）と 320
猶予（ゆうよ） 96
容赦（ようしゃ） 155
養生（ようじょう） 61
要用（ようよう） 65
世の中広しといえども 168
よんどころない 57

【ラ 行】

ライトノベル 205
埒（らち）があかない 84
リコール 263
リソース 243
リテラシー 183
リノベーション 206
利回り 70
留意（りゅうい） 47
了簡（りょうけん） 291
ルーチン 186
流布（るふ） 99
レジーム 195
レバレッジ 258
ロイヤリティ 261
ロードマップ 218
ロールモデル 229
ロジスティクス 252

不世出（ふせいしゅつ）　101
不調法（ぶちょうほう）　18
不徳のいたすところ　173
懐手（ふところで）をして　315
不本意ですが　171
不問に付す　69
フラット　209
プラットフォーム　184
ブラフ　199
無礼講　22
フレームワーク　255
フレキシブル　226
プロトタイプ　260
プロパガンダ　201
睥睨（へいげい）する　289
平生（へいぜい）　316
辟易（へきえき）　92
勉強させていただく　165
ベンチマーク　239
放擲（ほうてき）する　316
放念　68
茫々（ぼうぼう）たる　317
ポートフォリオ　260
他ならぬ　157
反故（ほご）　98
ボトルネック　242
骨折り　163

【マ行】

マイルストーン　202
マター　255
漫然（まんぜん）と　317
見送らせてください　151
水掛け論　29
身に余る光栄　163
ミニマリズム　213
耳をそばだてる　318
向こう三軒両隣（さんげんりょうどなり）　318
胸が塞がる　290
夢寐（むび）にも　76
名状（めいじょう）しがたい　319

編集協力　佐藤恵
装丁　大場君人
ＤＴＰ　ニッタプリントサービス
校正　鷗来堂

齋藤 孝（さいとう　たかし）

1960年静岡県生まれ。明治大学文学部教授。

専門は教育学、身体論、コミュニケーション論。

著書に『呼吸入門』『上機嫌の作法』『三色ボールペン情報活用術』『語彙力こそが教養である』（以上、角川新書）、『声に出して読みたい日本語』（草思社）、『雑談力が上がる話し方』（ダイヤモンド社）、など多数。

NHK Eテレ「にほんごであそぼ」総合指導。

中経の文庫

大人の語彙力大全

2018年 1 月13日　初版発行
2018年 4 月10日　5 版発行

著者／齋藤《さいとう》 孝《たかし》
発行者／川金 正法
発行／株式会社KADOKAWA
〒102-8177　東京都千代田区富士見2-13-3
電話　0570-002-301（ナビダイヤル）
印刷・製本／株式会社暁印刷

KADOKAWAカスタマーサポート
[電話] 0570-002-301（土日祝日を除く11時～17時）
[WEB] https://www.kadokawa.co.jp/（「お問い合わせ」へお進みください）
※製造不良品につきましては上記窓口にて承ります。
※記述・収録内容を超えるご質問にはお答えできない場合があります。
※サポートは日本国内に限らせていただきます。

定価はカバーに表示してあります。

ISBN 978-4-04-602106-9　C0130